LE RISQUE MEDICAL

Collection ***Logiques Juridiques***
dirigée par Gérard MARCOU

Déjà parus

BROVELLI G., NOGUES H., *La tutelle au majeur protégé, La loi de 68 et sa mise en œuvre*, 1994.
BEURDELEY Laurent, *Politique agricole commune et fraudes aux dépenses agricoles de l'union européenne*, 1998.
DUBOURG-LAVROFF S. et DUPRAT J.P. (eds.), *Droits et libertés en Grande-Bretagne et en France*, 1999.

ISBN : 2-7384-7609-0

Johanne SAISON

LE RISQUE MEDICAL

Evolution de la responsabilité sans faute du service public hospitalier

Préface de Pierre SANDEVOIR
Professeur à la Faculté des sciences juridiques de Lille

Éditions L'Harmattan
5-7, rue de l'École-Polytechnique
75005 Paris - FRANCE

L'Harmattan Inc.
55, rue Saint-Jacques
Montréal (Qc) – CANADA H2Y 1K9

PREFACE

La mauvaise santé, la maladie, les séquelles d'accidents, la mort, voilà ce qui, de tout temps, a terrifié ou désespéré les hommes et les peuples. Voilà ce qui, de tout temps, a suscité la révolte ou la résignation, ce qui a tourné les regards des individus et des groupes vers des autorités supérieures, immatérielles, transcendantes, supposées être capables d'orienter le cours des destins, d'exercer une influence protectrice dans les risques inhérents à la vie humaine et dans les dangers de la vie sociale.

Voilà aussi ce qui a suscité l'une des fonctions les plus utiles dans le développement de l'humanité : la fonction médicale, l'activité thérapeutique, dans son sens devenu de plus en plus large au cours des siècles.

Longtemps, cette activité médicale a été assez ou très fortement protégée. En France, par exemple, il a fallu attendre le deuxième tiers du XXe siècle pour voir les juges devenir plus exigeants quant à l'efficacité de l'activité des médecins ou de l'application des traitements. La notion de faute médicale s'est alors trouvée de plus en plus élargie, arrivant même, dans certains cas difficiles ou délicats, à la notion de présomption de faute.

En cette fin du XXe siècle, le problème change de nature, la question semble même exploser. Les discussions, les revendications ne concernent plus l'existence de la faute médicale, son extension ou ses modes de preuve, elles touchent désormais à un problème d'une tout autre ampleur : l'absence de faute, l'indemnisation du risque médical.

C'est à l'étude de ce sujet, d'une importance majeure aujourd'hui, que s'est attachée Mademoiselle Johanne Saison. Depuis plus de trois ans, elle en a suivi attentivement les orientations et les développements. Faisant preuve, dès le début de ses études de doctorat en droit, d'une motivation et d'une application peu courantes, elle s'est attelée à la question du risque médical, envisageant le problème sous ses diverses formes ou manifestations, ce qui lui permet, aujourd'hui, de présenter cet ouvrage, d'une haute tenue universitaire et d'un grand intérêt scientifique.

Comment pouvait-on aborder la question, à la fois circonscrite et vaste, conditionnée tant par les réelles difficultés de l'activité médicale, que par les conséquences supportées par les victimes d'accidents médicaux, ou les implications financières du problème ? Problème complexe, aux définitions et aux contours incertains.

Mademoiselle Saison commence, ainsi, par les définitions. Se livrant à un bon essai de clarification du vocabulaire, à partir de l'examen du langage courant et du langage juridique, elle aboutit à une proposition de définition du risque médical qui permet, déjà, de préciser en gros le problème.

Viennent ensuite des développements sur le droit positif actuel. Passant assez rapidement, à juste titre selon nous, sur les quelques illustrations législatives, mais très ponctuelles, qui existent ici, Mademoiselle Saison analyse en détail, et selon une présentation toute personnelle, les initiatives du juge administratif en matière de risque dans l'activité des hôpitaux publics : essentiellement la jurisprudence Gomez, de 1990, et la jurisprudence Bianchi, de 1993. A cet égard, et sans ôter quoi que ce soit à la qualité des développements, on pourrait peut-être émettre quelques réserves sur certaines propositions concernant le fondement de la jurisprudence Bianchi. Adoptant les appréciations de certains commentateurs, l'auteur cherche à réfuter le fondement du principe de l'égalité des citoyens devant les charges publiques. Cependant, outre le fait que ce fondement a été explicitement invoqué dans cette affaire, et à plusieurs reprises, par le commissaire du gouvernement (avec référence aux ouvrages de G. Teissier et de P. Duez), il n'est peut-être pas souhaitable de vouloir disséquer à l'extrême les motivations du juge, au risque de l'emprisonner dans des catégories juridiques trop exiguës. Placé devant des espèces concrètes parfois très diffuses, le juge a besoin de références ou de paramètres suffisamment larges pour pouvoir y loger toutes les solutions qu'il estime justes ou souhaitables. Au surplus, contrairement à ce que pensent certains commentateurs, le fondement de l'égalité devant les charges publiques a déjà été utilisé par le juge dans des hypothèses qui s'évadent des fameuses prérogatives de puissance publique.

Dans la seconde partie de l'ouvrage, Mademoiselle Saison en vient à l'aspect le plus problématique de son sujet : le devenir de cet important problème. Et là, on stagne dans le flou. Certes, non pas dans le flou de l'étude - sérieuse, appliquée, nuancée, complète - mais le flou des volontés, le flou des possibilités, le mélange du juridique, du politique, et ... du financier, bien entendu. Là, on se trouve devant l'évidence de la difficulté. Que faire dans une société conditionnée par les progrès de la médecine, de la pharmacie, par les miracles de la chirurgie ? Que faire dans une société qui ne supporte plus l'adversité, qui ne fait plus de distinction entre la responsabilité, que l'on cherche à nier, et la solidarité, constamment invoquée ? L'auteur examine tout : le caractère subsidiaire du risque médical, les conditions posées par le juge administratif, les craintes des médecins, les inconvénients pour l'avenir de la médecine, l'attentisme du législateur, les implications financières, le problème des assurances, les solutions non contentieuses actuellement en cours ...

Au total, Mademoiselle Saison nous présente, ainsi, à la fois un panorama complet du problème du risque médical, et une intéressante recherche sur la définition et les limites du risque médical. A la lecture de cet ouvrage facile à lire, facile à comprendre, on perçoit mieux les deux aspects les plus fondamentaux de la question. D'abord, la définition du risque médical. Une définition à deux volets : l'accident, prévisible ou non, sans relation avec l'état initial du malade, mais aussi l'accident aux conséquences spécialement graves pour la victime. Ensuite, le problème du financement. Problème complexe, que l'auteur n'hésite pas à considérer comme étant "le seul véritable problème en la matière".

En fin de compte, Mademoiselle Saison appelle de ses voeux une solution législative à cet important problème. Solution qui présenterait le double avantage de clarifier pour longtemps la question, et aussi d'uniformiser le risque médical pour l'ensemble de l'hospitalisation publique et privée. Tout cela, au terme d'un ouvrage conduit avec une grande application, un effort pédagogique certain, et toutes les qualités que l'on peut attendre d'un travail universitaire de haut niveau.

Pierre SANDEVOIR
Professeur à la Faculté des
Sciences juridiques de Lille

LISTE DES PRINCIPALES ABREVIATIONS UTILISEES

AJDA :	Actualité juridique de Droit administratif
al. :	Alinéa
art. :	Article
AN :	Assemblée nationale
Ass. :	Assemblée du contentieux
Bull. civ. :	Bulletin de la Chambre civile de la Cour de cassation
C.A.A. :	Cour Administrative d'Appel
C.E. :	Conseil d'Etat
Concl. :	Conclusions
D. :	Dalloz
EDCE :	Etudes et Documents du Conseil d'Etat
Gaz. Pal. :	Gazette du Palais
JCP :	Jurisclasseur périodique (La semaine juridique) édition générale.
Rec. :	Recueil des décisions du Conseil d'Etat (Lebon)
req. :	Requête
Rev. adm. :	Revue administrative
RD publ. :	Revue de Droit public
RD sanit. et soc. :	Revue de Droit sanitaire et social
RFDA :	Revue française de Droit administratif
RHF	Revue hospitalière de France
RJCO :	Revue juridique du Centre Ouest
S. :	Sénat
Sect. :	Section du contentieux
T.A. :	Tribunal administratif
T.C. :	Tribunal des Conflits

INTRODUCTION

Si les "accidents médicaux"[1] ont toujours existé, le malade n'étant jadis "qu'un mort en sursis"[2], il n'en reste pas moins que la technicité croissante des thérapeutiques s'accompagne d'une progression de leur dangerosité[3]. Selon l'Institut National de la Santé et de la Recherche Médicale (INSERM), 2289 personnes seraient décédées au cours de l'année 1995 "d'accidents et de complications au cours et suite d'actes médicaux et chirurgicaux"[4]. A toute époque, certains se sont ainsi vus diminuer par les soins prodigués.

Toutefois, et ce malgré la transcription dans les livres anciens du principe de responsabilité médicale[5], l'irresponsabilité en cette matière est de rigueur du Moyen-Age jusqu'au XVIIIe siècle. La médecine, alors impénétrable et inexplicable pour le commun des mortels, revêt le caractère d'un art occulte. Et finalement, ce n'est pas tant le médecin mais Dieu qui décide de la survie ou de la mort d'un malade. Il est ainsi conseillé de faire preuve de circonspection en remettant sa vie entre les mains du soignant, devin digne d'une confiance aveugle. En ce sens, le Professeur Charles Nicolle, prix Nobel de Médecine, devait, en 1934, conclure en ces termes son cours au Collège

---

1- L'on entend par "accidents médicaux" les conséquences négatives d'une prestation médicale, ayant pour origine un fait fautif ou non.

2- DAMIEN (A.), Le progrès médical et l'évolution de la responsabilité médicale, *in* Colloque *Procès au progrès médical ?*, 19/10/1989, Lyon, *RHF* 1990, p. 245.

3- Apparition des maladies iatrogènes provoquées par le traitement médical même. A titre d'exemples, l'évolution des connaissances scientifiques a permis de déceler l'existence de risques hémorragiques après absorption d'aspirine, de surdité définitive consécutive au traitement des leucémies par streptomycine.

4- INSERM, *Causes médicales de décès, année 1995*, Résultats provisoires, poste E 870-E 879 ; au 01/08/1998, les données des années suivantes n'étaient pas encore disponibles.

5- Le Code d'Hammourabi et le Livre sacré égyptien connaissaient déjà la notion de responsabilité médicale. A ce propos, voir la remarquable étude du Professeur KORNPROBST, La responsabilité des médecins dans l'antiquité, in *Responsabilités du médecin devant la loi et la jurisprudence françaises*, Flammarion, Paris, 1957, p. 27.

de France sur *"les responsabilités de la médecine"* : "La société humaine délègue à certains de ses membres un mandat. Les médecins reçoivent mission de veiller à la santé des hommes. Ils exercent cette mission dans la plénitude de leur conscience. La sagesse est de s'en remettre à eux"(6).

Tant est si bien que l'impunité constituait pour "la caste médicale" l'une des conditions nécessaires à un exercice serein de la médecine. Celle-ci n'était pour autant pas choquante, puisqu'à l'époque l'administration était également irresponsable conformément à l'adage *"le Roi ne peut mal faire"*. Le XVIe et le XVIIe siècle ne connaissaient qu'un embryon de service public hospitalier et, il faut attendre la Révolution de 1789 pour voir apparaître un véritable secteur public en ce domaine(7). Aussi, à l'instar de la responsabilité personnelle du médecin, celle du service public hospitalier ne pouvait être recherchée. Cette période prit pourtant fin au XIXe siècle.

Progressivement, les innovations et les progrès médicaux vont permettre d'expliquer les causes des maladies et de leur développement. Avec la découverte de la vaccination, des antibiotiques et l'essor de la médecine expérimentale, la fatalité cède peu à peu du terrain. Le triomphalisme médical est de mise(8). Parallèlement, dans un souci de protection des administrés contre les abus de l'Administration, le juge administratif va rendre cette dernière responsable. Aux termes de la décision Blanco, la responsabilité administrative "n'est ni générale, ni absolue (...) elle a ses règles spéciales qui varient suivant les besoins du service (...)"(9).

Cette responsabilité, variable et relative, pourra être engagée en cas de faute, et parfois en l'absence même de toute faute de la puissance publique. C'est donc au juge administratif que revient la tâche

---

6- LEMAIRE (J.F.), IMBERT (J.L.), *La responsabilité médicale*, Que sais-je?, PUF, Paris, 1985, p. 5.

7- Confiscation des hôpitaux aux autorités religieuses en 1794, qui sont finalement remis aux autorités communales en 1796.

8- HOERNI (B.), Le risque thérapeutique, évolution des mentalités, Colloque *Risque thérapeutique et responsabilité médicale*, organisé par l'Ordre des médecins et l'Ordre des avocats, 4/12/1992, Les Actes, 1993, p. 11.

9- T.C. 08/02/1873 *Blanco*, *D.*, 1873, 3.17.

d'en déterminer les contours. Pour ce faire, il soupèse la complexité de la mission accomplie. Le régime de responsabilité pour faute fluctue selon les difficultés de réalisation des actes à l'origine du préjudice. Le juge estime ainsi que l'engagement de la responsabilité est subordonné à la preuve d'une faute lourde pour les actes médicaux, "actes dont l'accomplissement présente des difficultés sérieuses et requiert des connaissances spéciales acquises au prix d'études prolongées"(10). De fait, certaines décisions jurisprudentielles affirment clairement que l'existence d'une faute ne suffit pas à elle seule pour mettre en œuvre la responsabilité de l'acteur médical. Ainsi, à la suite de troubles neurologiques consécutifs à une myélographie, le Tribunal administratif de Marseille déclare "qu'à supposer (...) qu'une faute ait été commise, cette faute ne présente pas, en tout état de cause, une gravité suffisante pour engager la responsabilité du service public (...)"(11). Au final, cela explique que de nombreux dommages résultant d'actes médicaux, gravissimes ou non, soient demeurés sans réparation(12) à l'instar d'une radiodermite consécutive à un traitement comportant l'emploi de rayons X(13) ou d'une paralysie après aortogra-

10- Conclusions FOURNIER (J.), sur C.E. Sect. 26/06/1959 *Rouzet*, *AJDA* 1959, II, p. 273.

11- T.A. Marseille 25/01/1985 *Assistance publique de Marseille c/ Roure*, *RHF* 1985, p. 816. En ce sens, T.A. ... 20/12/1978 *CH de C... c/ C...*, *RHF* 1979, p. 733, à propos d'une paralysie après aortographie ; T.A. Grenoble 6/02/1980 *CH de .. c/ ....*, *RHF* 1980, p. 940, à propos d'une lésion rectale au cours d'une intervention chirurgicale : " (...) si l'accident est imputable à la faute commise par le chirurgien en choisissant la technique opératoire la plus dangereuse pour le rectum, cette faute ne présente pas (...) le caractère de faute lourde (...)".

12- Il ne s'agit pas ici de dresser une liste exhaustive des dommages non réparés de par l'absence d'une faute qualifiée, la question ayant déjà été largement étudiée en doctrine. Le choix de ces exemples jurisprudentiels est nécessairement arbitraire mais constitue cependant une version fidèle de l'ensemble du système. Voir PETIT-BOUTEYRE (G.), *La responsabilité du service public hospitalier du fait des actes médicaux et chirurgicaux*, Thèse Droit, Montpellier I, 1990, pp. 269-289 ; DUGUET (A.M.), *La faute médicale dans la responsabilité hospitalière*, Thèse Droit, Paris XI, 1993, pp. 157-182 ; TABUTEAU (D.), *Risque thérapeutique et responsabilité hospitalière*, Santé : méthodes et pratiques, Berger-Levrault, Paris, 1995, pp. 67-68.

13- C.E. 19/10/1966 *Irma*, *Rec.* 1100.

phie[14] ou artériographie[15]. En pratique, les victimes d'accidents médicaux se sont donc rapidement heurtées à une "introuvable faute lourde". Or, l'opinion publique "imprégnée de solidarité nationale et d'assurance (...) n'admet plus qu'un dommage ne soit pas indemnisé"[16]. De la sorte, le patient devient un *"plaignant en puissance"*[17].

De surcroît, le corps médical perçoit toujours mal la condamnation d'un des siens. Dès 1827 dans l'affaire Hélie[18], une citation extraite du mémoire de défense rédigé par des médecins illustre de manière emblématique cette attitude méfiante à l'égard du juge : "le médecin ne reconnaît pour juge, après Dieu, que ses pairs et n'accepte point d'autre responsabilité que celle, toute morale de la conscience"[19]. De même à notre époque, les mandarins s'érigent contre des condamnations qu'ils considèrent trop hâtives. "Il faut faire très attention à ne pas accabler ou décourager les médecins" lance le Professeur Jean Bernard[20].

Confrontés à la fois aux mécontentements des patients et des acteurs médicaux, les tribunaux administratifs vont initier un mouvement de disqualification de la faute.

14- C.E. 21/10/1970 *CHR de Montpellier c/ Epx Para, Rec.* 612.

15- C.E. 1/10/1975 *Weiss*, RD publ. 1976, p. 399 ; C.E. 9/04/1986 *Ciesla, RD publ.* 1987, p. 467.

16- TRUCHET (D.), "Tout dommage oblige la personne publique à laquelle il est imputable à le réparer", A propos et autour de la responsabilité hospitalière, *R.D. sanit. et soc.* 1993, p. 3.

17- SOUTOUL (J.H.), Jurisprudence, pourquoi pas médicoprudence, *Médecine et Droit*, n°13, 1995, p. 2.

18- Lors d'un accouchement difficile, le docteur Hélie avait amputé successivement les deux bras de l'enfant qu'il croyait mort. Le nouveau-né survécut. Et le tribunal condamna l'accoucheur à verser une rente viagère à l'enfant.

19- DAMIEN (A.), Le progrès médical et l'évolution de la responsabilité hospitalière, *RHF*, n°3, 1990, p. 245.

20- GREILSAMER (L.), SCHNEIDERMANN (D.), Le silence des médecins, *Le Monde*, 16/02/1993, p. 13.

Il s'est agi, d'abord, d'écarter la qualification de la faute en assimilant l'acte médical à l'acte de soins[21], puisque en ce domaine une faute simple suffit à engager la responsabilité de l'établissement hospitalier. L'on a en conséquence assisté à une extension artificielle de la catégorie des actes de soins aux explorations radiculaires[22], à une intervention chirurgicale pour rectification d'un "bec de lièvre"[23], pour amputation[24], ou encore à un examen radiologique des intestins par lavement baryté[25].

Certains tribunaux ont ensuite tenté de faire "éclater" l'acte médical en isolant les actes connexes dans le but de les qualifier d'actes de soins. En ce sens, le Tribunal administratif de Marseille dissocie la mise en place d'un trocart - acte de soin - de l'exploration coronarienne - acte médical[26]. Cette séparation paraît purement factice puisque la pose du trocart est un élément indissociable de l'exploration coronarienne[27].

Enfin, les premiers juges vont abuser du qualificatif "lourd" en l'affectant de manière complaisante à des comportements n'y répondant manifestement guère. Au cours d'un accouchement par voie naturelle, l'usage du forceps provoque de graves séquelles oculaires à un jeune enfant. Aucune faute n'est établie dans le choix de la méthode d'accouchement. Pour autant, le tribunal administratif estime que le "seul fait" d'avoir utilisé "une technique classique d'accouchement" (voie naturelle avec usage du forceps) aboutissant à "un résultat opposé à celui que l'on pouvait normalement en attendre suffit à établir l'existence d'une faute lourde"[28].

21- Nous intégrons - à l'instar de la jurisprudence administrative *C.E. 9/01/1980 dame Martins* - l'acte de soins à la catégorie des actes de fonctionnement et d'organisation du service.

22- T.A. Grenoble 20/02/1980 *CHR de Grenoble c/ Mme ...*, *RHF* 1980, p. 1045.

23- T.A. Grenoble 11/10/1980 *CHR de Grenoble c/ Lasjaunias*, *RHF* 1981, p. 664.

24- T.A. de N... 12/07/1978 *Hospices civils de ... c/ K...*, *RHF* 1979, p. 127.

25- T.A. Lyon 24/05/1984 *CHR d'Annonay c/ Odoward*, *RHF* 1985, p. 230.

26- T.A. Marseille 16/01/1981 *Adm. de l'Assistance publique de Marseille c/ C...*, *RHF* 1981, p. 580.

27- Censure du Conseil d'Etat : C.E. 16/03/1984 *A.P. Marseille*, *RHF* 1984, p. 1153.

28- T.A. Clermont Ferrand 16/10/1986 *CH de Moulins c/ Bergam*, *RHF* 1987, p. 455.

Censurant, dans un premier temps, l'exclusion déguisée de la faute lourde entamée par les tribunaux administratifs[29], le Conseil d'Etat semble ensuite s'être rallié à cette attitude. En effet, à plusieurs reprises, ce dernier s'est contenté de rechercher la faute dans l'organisation et le fonctionnement du service alors qu'un acte médical - pratiqué par un interne ou un externe - se trouvait à l'origine du préjudice subi. Inaugurée à l'occasion d'une appendicectomie[30], cette jurisprudence trouva application lors d'un accouchement à l'origine d'un traumatisme crânien du nouveau né[31] ou encore de la réduction d'une fracture suivie d'une amputation[32]. Or, l'accouchement, la réduction d'une fracture, l'amputation constituent, selon une jurisprudence constante, des actes médicaux. Dans ces différentes espèces, en se déchargeant sur leurs internes, en l'absence de force majeure ou d'urgence, les médecins ne se sont pas suffisamment assurés que cette collaboration ne porterait "aucune atteinte aux garanties médicales que les malades sont en droit d'attendre d'un service hospitalier public".

Une autre technique de disqualification fut développée par la Haute juridiction, consistant à dissocier, à l'intérieur même de l'acte médical, son exécution proprement dite de ses préparations ou de ses suites. De la sorte, à l'occasion de complications postopératoires faisant suite à une intervention chirurgicale - distinguant les premières de la seconde - le juge administratif recherche, pour conclure à son inexistence, la faute dans l'organisation ou le fonctionnement du service[33].

29- C.E. 28/09/1983 *CH Montluçon c/ Miro*, *RHF* 1984, p. 473 ; C.E. 20/06/1984 *CH de Chambéry c/ Gervasoni*, *RHF* 1985, p. 231, à propos d'une biopsie rénale ; C.E. 14/05/*1986 Hospices civils de Strasbourg c/ Rebelo*, *RHF* 1987, p. 70, à propos d'une intervention de l'oreille.

30- C.E. 18/12/1953 *Fresnais*, *Rec.* 568.

31- C.E. 4/10/1968 *Delle Doukakis*, *Rec.* Tbl. 1111, note MOREAU (J.), *AJDA* 1969, p. 368 ; note SAVATIER (R.), *JCP* 1968, II, 15668 ; concl. MORISOT (M.), *D.* 1968, II, 713 ; C.E. Sect. 25/06/1954 *Dame Forcina*, *Rec.* 388.

32- C.E. 9/11/1959 *Sarotte*, *JCP* 1959, 11342, note SAVATIER (R.).

33- C.E. 10/05/1989 *CHR de Lille*, *RD publ.* 1990, p. 1166 ; C.E. 9/07/1986 *CHR de Saint Etienne*, *Gaz. Pal.* 1987, somm. p. 237, à propos du défaut de contrôle radiographique per-opératoire.

Finalement par l'arrêt M. et Mme V., l'Assemblée du contentieux du Conseil d'Etat abandonne la faute lourde au profit de la faute non qualifiée, comme fondement de la responsabilité du service public hospitalier liée à l'accomplissement d'actes médicaux. Une série d'erreurs médicales avait été commise, provoquant un arrêt cardiaque puis un coma dont l'intéressée sortit en gardant d'importantes séquelles neurologiques. Aucune de ces erreurs ne constituait une faute lourde. Néanmoins, le juge administratif accepta d'indemniser la victime "considérant que les erreurs ainsi commises, qui ont été selon les rapports d'expertise la cause de l'accident survenu à Madame V., constituent une faute médicale de nature à engager la responsabilité de l'hôpital"(34). Désormais qu'il s'agisse d'actes de soins, d'organisation des services ou bien d'actes médicaux, seule une faute non qualifiée est exigée.

Parallèlement à ce régime de responsabilité fondé sur la faute, le juge administratif avait initialement cantonné les cas de responsabilité sans faute aux collaborateurs occasionnels ou requis du service public hospitalier(35) et aux victimes de malades mentaux "en sortie d'essai"(36). Toutefois, il arrive que certains "patients mutilés" échappent à ces régimes de réparation. Ni collaborateur, ni victime d'un malade mental, ils ne peuvent faire état de l'existence d'une faute à l'origine du dommage subi, car l'intervention a été pratiquée selon les règles de l'art. La médecine, certes de plus en plus efficace, n'est pas dénuée d'impondérables, et les nouvelles techniques médicales ou chirurgicales sophistiquées créent de nouveaux risques d'accidents pour les malades(37).

34- C.E. Ass. 10/04/1992 *M. et Mme V.*, *Rec.* 171, concl. LEGAL (H.), *D.* 1993, S.C., 146, obs. BON (P.) et TERNEYRE (P.), *Rev. adm.* 1993, 561, note FRAISSEX (P.).

35- C.E. 13/12/1957 *Hôpital hospice de Vernon*, *Rec.* 680, à propos d'un malade victime d'un accident alors qu'il prêtait son concours à une infirmière sur la demande de celle-ci.

36- C.E. Sect. 13/07/1967 *Département de la Moselle*, *Rec.* 341, *R.D. publ.* 1968, 391, note WALINE (M.), à propos d'un incendie allumé par un malade mental en sortie d'essai.

37- Ainsi, la vidéochirurgie, occupant une place de plus en plus importante en chirurgie digestive n'est pas exempte d'accidents parfois mortels. De même, l'artériographie ou la coronographie comportent des risques plus importants que la radiographie ou

En conséquence, le juge administratif va de nouveau simplifier la mise en jeu de la responsabilité de l'établissement hospitalier, en abandonnant, dans certains cas déterminés, toute notion de faute(38). Dans ces hypothèses, la victime doit seulement établir le lien de "cause à effet" existant entre l'activité du service et le préjudice.

Pour autant, la reconnaissance d'un tel régime de responsabilité sans faute pouvait générer une multiplication des actions et des indemnisations à la charge de l'hôpital, et *in fine* constituer un frein à l'activité médicale. La peur d'une mise en cause peut effectivement rendre frileux et voire trop prudent. Au surplus, la médecine demeure de nos jours aléatoire et incertaine. Le Professeur Escande compare ainsi son métier à celui d'un explorateur : "Notre métier ressemble à une carte de l'Afrique au siècle dernier. A peine vous éloignez-vous des côtes, les zones inexplorées se multiplient. Nous donnons l'illusion de la connaissance (...) mais nous ne la possédons pas !"(39).

Dès lors, le juge administratif a dû trouver un point d'équilibre entre une protection accrue de l'usager et les nécessités de la vie hospitalière. C'est pourquoi la mise en oeuvre de ce régime de responsabilité sans faute est strictement encadrée dans l'attente d'une intervention législative en cette matière. Seules certaines hypothèses strictement circonscrites reconnues, soit par le législateur - vaccinations obligatoires(40), recherches biomédicales sans bénéfice direct(41), dons du sang(42) ou contamination transfusionnelle par le virus d'immuno-

---

l'électrocardiogramme , SICOT (C.), Les accidents de coelioscopie, *Le concours médical*, 29/04/1995, p. 1314.

38- C.A.A. de Lyon 21/12/1990 *Gomez, Rec.* 498, *D.* 1991, S.C., 146, obs. BON (P.) et TERNEYRE (P.), *Gaz. Pal.*, 21/07/1991, note CHABANOL (D.), *JCP* 1991, II, 21 968, note MOREAU (J), *A.J.D.A.* 1991, 167, *R.D. sanit. et soc.* 1991, 258, note MEDOUZE (R.).

-C.E. Ass. 09/04/1993 *Bianchi, Rec.* 127, *R.D. publ.* 1993, 1099, note PAILLET (M.), *R.F.D. adm.*, 1993, 573, concl. DAEL (S.), *JCP* 1993, II, 22 061, note MOREAU (J.).

39- GREILSAMER (L.), SCHNEIDERMANN (D.), Le silence des médecins, *Le Monde*, op. cit.

40- Art. L. 10-1 du Code de la santé publique.

41- Art. L. 209-7 du Code de la santé publique.

42- Art. L. 668-10 du Code de la santé publique.

déficience humaine[43]-, soit par la jurisprudence administrative - emploi de thérapeutiques nouvelles dont les conséquences sont mal connues[44], acte médical nécessaire au diagnostic ou au traitement, dont les risques sont connus mais exceptionnels[45]- bénéficient à l'heure actuelle d'un régime de responsabilité sans faute. Dans ces conditions, ce régime n'a connu qu'une révolution tempérée.

Dans le même souci de faciliter la tâche des victimes d'accidents médicaux, la prise en charge globale du risque médical, inexistante pour le moment tant du côté jurisprudentiel que du côté législatif, trouve une troisième voie dans la solution non contentieuse de certains conflits et l'instauration de mécanismes de médiation. Le risque médical est toujours au coeur d'une conciliation entre protection de l'administré et protection de l'institution hospitalière, que sa prise en compte soit contentieuse ou non. Il convient dès lors d'adopter une démarche permettant de constater et de démontrer l'évolution réalisée en la matière, pour en apprécier ensuite la portée et les éventuels développements futurs. Notre étude sera ainsi divisée en deux parties. La première sera consacrée à l'étude de "l'évolution certaine" du régime de responsabilité sans faute du service public hospitalier, où le risque médical constitue un nouveau fondement. Pour autant, il conviendra de pondérer nos propos. La seconde sera l'occasion de démontrer qu'il s'agit toutefois d'une "révolution incertaine" faisant du risque médical un fondement subsidiaire.

43- Loi du 31/12/1991, JORF 04/01/1992, p. 184.

44- C.A.A. de Lyon 21/12/1990 *Gomez*, *Rec.* 498, op. cit.

45- C.E. Ass. 09/04/1993 *Bianchi*, *Rec.* 127, op. cit.

PREMIERE PARTIE

UNE EVOLUTION CERTAINE DANS LA MISE EN JEU DE LA RESPONSABILITE SANS FAUTE DU SERVICE PUBLIC HOSPITALIER : LE RISQUE MEDICAL, NOUVEAU FONDEMENT

De nombreux acteurs sont directement concernés par le risque médical : les patients qui en sont victimes, l'hôpital où il se réalise, le médecin qui a décidé de l'intervention au cours de laquelle s'est produit le risque, le juge administratif et le législateur qui reconnaissent ou refusent son existence, et enfin l'assureur qui le prend en charge. Tous intéressés à un niveau quelconque par le risque médical, ils n'en donnent pourtant pas la même définition, et usent d'une terminologie fluctuante pour le désigner : aléa et/ou risque médical et/ou thérapeutique.

Le risque médical n'est pourtant pas un nouveau concept. De tout temps, en effet, le traitement subi par certains malades leur a finalement provoqué davantage de désagréments que d'apaisements, sans qu'aucune faute n'ait été commise par le praticien(46). Aussi, victimes et médecins influent sur l'évolution de la responsabilité sans faute du service public hospitalier. Leurs revendications sont, par ailleurs, enregistrées par le juge administratif et le législateur, qui procèdent à l'extension de ce régime.

Dès lors, l'émergence du "risque médical", réalisée par étapes successives (Chapitre Second), pose dans un premier temps la question de la délimitation et des facteurs de son extension (Chapitre Premier).

46- Ainsi, le vaccin contre la rage tua parfois, avant de protéger presque toujours. Voir LAMBRICHS (L.), *La vérité médicale*, Pluriel, Paris, 1994, p. 97.

CHAPITRE PREMIER

Le concept de risque médical : délimitation et facteurs de l'extension de la responsabilité sans faute

Jamais l'usager n'a été aussi bien soigné qu'à notre époque. A l'aube du XXIe siècle, pouvoirs publics, chercheurs et médecins s'emploient, chacun à leur niveau, à rendre l'hôpital plus efficace. L'art médical est en constante évolution et bénéficie en premier lieu aux personnes soucieuses de voir soulager leur détresse. Pour autant, le rythme effréné et le caractère spectaculaire des progrès réalisés en ce domaine donnent parfois l'impression que la "machine" s'emballe.

En effet, ce qui était considéré comme devant aboutir à un résultat satisfaisant, voire remarquable, se traduit par un échec. Le médecin n'en est pas directement responsable. Son action n'a été entreprise que pour atténuer les souffrances du patient. Seulement, certains impondérables ont faussé les espérances et le malade est devenu "victime". Si de tels événements ne sont heureusement pas monnaie courante, ils ont néanmoins constitué les facteurs de l'extension de la responsabilité sans faute du service public hospitalier (Section 2).

Une telle évolution a eu des retombées. Tous les protagonistes du "risque médical"- victimes, médecins, assureurs et juristes - commentent ce qui constitue de nos jours un nouveau "standard". Pour autant, son fondement ne semble pas y gagner en clarté. Dès lors, il est impératif d'opérer le diagnostic du "risque médical" (Section 1).

Section 1. Le diagnostic du risque médical

Un halo d'incertitudes entoure le "risque médical", fondement de la responsabilité sans faute du service public hospitalier. De fait, la médecine se caractérise par un vocabulaire technique réservé aux initiés. Par suite, il est somme toute naturel que la complexité du langage médical pénètre le langage juridique et altère, *in fine*, les rouages du droit. Une diversité terminologique et sémantique est dès lors inévitable (§ 1). Or, face à ce qui semble constituer un domaine de prédilection pour nombre de commentateurs, il apparaît nécessaire de proposer une unité terminologique et sémantique (§ 2), seule capable selon nous de clarifier ce régime de responsabilité.

Une telle clarification présente en effet un intérêt pratique en vue de l'adoption d'un texte législatif en la matière. La délimitation précise du risque médical indemnisable permettrait d'éviter d'éventuelles refontes législatives néfastes à la sécurité juridique des victimes[47]. En effet, "il ne suffit pas à une loi de désirer redresser une injustice sociale. Il est nécessaire que ses rédacteurs sachent en analyser juridiquement l'objet. Une confusion de leur part risque de déplacer cette injustice, et parfois même de la rendre particulièrement criante"[48].

§ 1. Le constat : la diversité terminologique et sémantique, source de confusions

Le diagnostic du "risque médical" est considérablement obscurci par une terminologie fluctuante. Certains parlent "d'aléa", d'autres de "risque", les qualifiant parfois de "médical" ou de "thérapeutique"(A).

Cette diversité terminologique ne poserait pas de difficultés, s'il existait une parfaite synonymie entre l'aléa et le risque, l'acte thérapeutique et l'acte médical. Malheureusement, il n'en est rien. Cette "dispersion terminologique" correspond ainsi à une diversité sémantique (B).

47- Le régime juridique des vaccinations obligatoires a connu de telles modifications (loi du 01/07/1964, JORF 1964, p. 5762, modifiée par la loi du 26/05/1975, JORF 1975, p. 5267). Les personnes vaccinées dans un centre non agréé avant le 26/05/1975 sont restées sans indemnisation jusqu'à l'intervention de la loi du 03/01/1985, JORF 1985, p. 94 (art. 90) : C.E. Sect. 26/05/1982 *M. et Mme Rency*, req. n°23.762, à propos d'une vaccination contre la variole pratiquée en août 1971.

48- SAVATIER (R.), Responsabilité de l'Etat dans les accidents de vaccination obligatoire reconnus imparables, *Mélanges* WALINE (M.), 1974, p. 751.

A.– La diversité terminologique

Différents protagonistes s'intéressent au concept de "risque médical" : les uns en tant qu'arbitres, les autres en tant qu'acteurs. Chaque intervenant usant de ses propres termes, toute unité de langage est donc exclue.

1. Les arbitres de la relation médicale

Force est de constater que ce dévoiement se retrouve tant chez les juristes que chez les assureurs. En premier lieu, le langage juridique du législateur, du juge administratif ou encore de la doctrine est hétéroclite. En ce sens, il faut mentionner l'intitulé des dernières propositions de loi enregistrées à la Présidence de l'Assemblée nationale. La première vise "l'indemnisation des victimes d'accidents thérapeutiques"(49), la deuxième concerne "l'indemnisation des accidents sanitaires"(50). Et la dernière en date tend à créer un fonds d'indemnisation des victimes du risque médical(51). De même, l'on peut observer une telle disparité de vocabulaire chez le juge administratif. Ainsi pour le Tribunal administratif de Châlons-sur-Marne, la paralysie du tronc primaire du plexus brachial, consécutive à une intervention pour torticolis chez un enfant, "relevait de l'aléa thérapeutique (...) et ne saurait dès lors constituer une faute lourde"(52). A l'inverse, le Conseil d'Etat dans sa jurisprudence Bianchi(53), estime que l'artériographie vertébrale "présente un risque dont l'existence est connue mais dont la

49- Proposition de loi n°158 relative à l'indemnisation des victimes d'accidents thérapeutiques, AN, 1997-1998.

50- Proposition de loi n°616 relative à l'indemnisation des accidents sanitaires, A.N., 1997-1998.

51- Proposition de loi n°671 tendant à créer un fonds d'indemnisation des victimes du risque médical, A.N., 1997-1998.

52- Dès lors que "l'intervention avait été conforme aux règles de l'art et adaptée à l'état du patient, tant en ce qui concerne l'indication opératoire que la technique employée (...) ", T.A. Châlons-sur-Marne 27/09/1983 *Centre Hospitalier de Chaumont c/ Beligny*, *R.H.F.*, 1984, p. 371.

53- C.E. Ass. 09/04/1993 *Bianchi*, *Rec.* 127.

réalisation est exceptionnelle". La doctrine s'illustre également par son "éparpillement terminologique", perçu et dénoncé par certains auteurs à l'instar de Didier Tabuteau pour qui "la terminologie utilisée dans le droit de la responsabilité sanitaire est souvent aussi foisonnante qu'imprécise : aléa, accident, erreur ou faute, thérapeutique ou sanitaire"[(54)]. Cette hétérogénéité est toutefois rarement clarifiée et en pratique, une partie de la doctrine emploie indifféremment les termes "aléa" et "risque" et les adjectifs "thérapeutique" et "médical". Au surplus, la confusion atteint son paroxysme lorsqu'un unique discours connaît une telle diversité. Pour Muriel Trémeur, "la jurisprudence administrative a reconnu le type d'accident médical non fautif dû au risque (ou aléa) diagnostique et / ou thérapeutique"[(55)]. En outre et à titre anecdotique, il est significatif de comparer l'intitulé des colloques avec les titres des contributions qui les composent. Ainsi, alors que la cinquième partie d'un colloque organisé par l'Ecole Nationale de la Magistrature[(56)] s'intitulait "le risque thérapeutique", les troisième et quatrième interventions de ce développement étaient respectivement consacrées à "l'aléa thérapeutique en France" et à "l'indemnisation de l'aléa thérapeutique". Plus récemment, dépassant la distinction

54- TABUTEAU (D.) *Risque thérapeutique et responsabilité hospitalière*, Berger-Levrault, Paris, 1995, p. 18. Dans le même sens voir la position de Madame GOBERT, L'aléa thérapeutique en droit civil, in *L'indemnisation de l'aléa thérapeutique*, sous la direction de TRUCHET (D.), coll. Droit sanitaire et social, Sirey, Paris, 1994, p. 16. Par ailleurs, M. SOUSSE opère une distinction entre "l'aléa" et "l'accident", mais confond le premier avec "le risque", in Quelle réforme en matière de responsabilité médicale ?, *Petites affiches*, n°122, 12/10/1994, p. 24, *Gaz. Pal.* 1994, 2, p. 1159.

55- TREMEUR (M.), La responsabilité des services publics hospitaliers, évolution/perspectives, *Petites affiches*, 12/07/1995, p. 8. Il faut d'autre part noter que cet *"éparpillement terminologique"* se retrouve, si ce n'est dans une même phrase, du moins dans un même article :
- CHABANOL (D.), Carte blanche du nouveau dans la responsabilité administrative, *Gaz. Pal.*, 1993, 1, doctr., p. 1080 : " (...) le Conseil d'Etat admet d'indemniser le risque thérapeutique " (...) "L'aléa thérapeutique ne donne lieu à réparation (...)".
- DUBOUIS (L.), Le juge administratif, le malade et le médecin, *Mélanges* offerts à M. WALINE, 1974, p. 406 : "consacrer la responsabilité pour risque médical", p. 404 ; "réparation du risque thérapeutique", p. 405 ; "l'évaluation du risque thérapeutique (ou médical)", p. 406.

56- ENM, *La responsabilité médicale : de la faute au risque*, Paris, 1996, 250 pages.

aléa/risque, le Professeur Moreau - invité à participer au colloque organisé par la Cour de cassation le 24 avril 1997 sur le thème "l'indemnisation des accidents médicaux" - interrogea Mademoiselle Viney sur ce qu'il convenait d'appeler "l'accident médical"(57). Cette dernière lui répondit qu'il s'agit de l'accident médical dont l'origine fautive n'est pas établie. Aussi, une rigoureuse précision terminologique et sémantique commandait d'intituler ce colloque non "l'indemnisation des accidents médicaux" mais "l'indemnisation des accidents médicaux non fautifs".

Le langage des assureurs présente une imprécision similaire appréciable à travers l'étude de leur proposition d'indemnisation des accidents médicaux. Le Groupement des Sociétés d'Assurances à caractère Mutuel (G.E.M.A.)(58) comme la Société Hospitalière d'Assurances Mutuelles (S.H.A.M.)(59) entendent indemniser "l'aléa thérapeutique". A l'inverse et aux termes de l'article premier du projet sécurité sociale de 1992(60) "il est créé dans le code de la sécurité sociale (...) un Titre Premier" intitulé "assurance du risque thérapeutique".

2. Les acteurs de la relation médicale

Le corps médical et les patients demeurent perplexes devant toute absence d'unité terminologique. Ainsi, les "victimes" du service public hospitalier s'intéressent davantage au dommage subi et au

---

57- MOREAU (J.), L'indemnisation des accidents médicaux survenus dans les hôpitaux publics par les juridictions administratives, in Colloque, organisé par la Cour de cassation, *L'indemnisation des accidents médicaux*, LGDJ, Bibliothèque de droit privé, Tome 289, 1997, Paris, p. 12 : "Que signifie enfin "indemnisation des accidents médicaux ? Après vérification auprès des organisateurs de ce colloque, il a été convenu de définir cette expression comme visant la réparation des dommages (...) qui ne sont pas imputables à une faute médicale ou chirurgicale".

58- "Le G.E.M.A. considère que l'aléa thérapeutique doit être pris en compte (...)", projet G.E.M.A., 1992, annexé au Rapport EWALD, *Données et enjeux du problème des accidents médicaux*, La documentation française, Paris, 1992, 110 pages.

59- Voir actes du colloque du 30/03/1990, organisé par la S.H.A.M., sur le thème *L'indemnisation de l'aléa thérapeutique, Utopies et Réalités en France et en Europe*, 68 pages.

60- Annexé au Rapport EWALD, op. cit..

moyen d'obtenir indemnisation qu'à l'origine même de l'incident. La perception de la médecine par le patient s'est considérablement transformée sous l'influence d'une presse se faisant l'écho des dernières prouesses médicales. Dans l'esprit du malade, le traitement ne peut avoir qu'une seule issue : la guérison. L'échec est inacceptable. Dès lors, l'indemnisation de l'accident médical devient l'exutoire de la douleur(61). Les médecins, quant à eux, dénoncent une telle diversité. En ce sens, le Professeur Penneau signale que "(...) la référence soit au risque, soit à l'aléa thérapeutique (...) sous-tend une confusion de genres (...) dont il semble important de prendre clairement conscience en raison de son caractère pernicieux"(62). Néanmoins, le débat terminologique reste ouvert entre partisans de "l'aléa médical"(63) et adeptes du "risque médical"(64). Au reste, ce phénomène se transforme parfois en "confusion terminologique" comme l'illustre la "Déclaration des médecins libéraux sur le risque médical" du 14 octobre 1992. Son quatrième paragraphe intitulé "l'indemnisation de l'aléa médical" débute par cette phrase : "le risque, préventif, diagnostique ou thérapeutique, non lié à une faute (...) constitue l'aléa médical".

Pour obscurcir davantage le débat, cette diversité terminologique se double d'une diversité sémantique.

B.– La diversité sémantique

Nombreux sont ceux qui s'interrogent sur la signification réelle de cette "dispersion" terminologique(65) et de ses conséquences

---

61- Sur la douleur des victimes voir LECOCQ (P.A.), La prise en compte de la douleur par le Conseil d'Etat au cas de contamination à la suite d'une transfusion sanguine, in *La Douleur et le Droit*, PUF, Montpellier, 1997, p. 451.

62- PENNEAU (J.), Evolution du droit de la responsabilité médicale, in *La responsabilité médicale : de la faute au risque,* op. cit., p. 22.

63- BASTE (J.C.), L'aléa médical : évolution du concept en droit public, in *L'indemnisation de l'aléa thérapeutique*, op. cit., p. 19.

64- FENOLL (P.), Le point de vue du Conseil de l'Ordre des médecins, in *La responsabilité médicale : de la faute au risque*, op. cit., p. 235.

65- MARGEAT (H.), Le risque thérapeutique, *Gaz. Pal.*, 22/08/1978, doctr., p. 432 : "Qu'est ce que le risque thérapeutique ?". PENNEAU (J.), Le point sur les proposisémantiques négatives. Toute la question est en effet de savoir si "l'aléa" recouvre une réalité distincte de celle du "risque", si le qualificatif "thérapeutique" a une signification différente de celui de "médical"(66).

1. "Aléa" et / ou "risque" ?

Si les termes sont voisins, d'aucuns en donnent tantôt une définition unique, tantôt des définitions différentes. En premier lieu, une réelle distinction est parfois opérée entre les termes "aléa" et "risque". Celle-ci s'apprécie à deux égards. Pour certains, "l'aléa" ne constitue qu'un simple aspect du "risque", pour d'autres il en est la première étape. Les premiers(67) estiment que le "risque thérapeutique" a deux origines et peut être provoqué par un aléa – élément non maîtrisable survenu par hasard – ou se réaliser à la suite d'une faute du praticien. L'aléa thérapeutique est alors "la part d'incertitude inhérente à toute intervention chirurgicale ou tout acte médical, même le mieux réalisé, du fait de réactions imprévisibles du patient ou de circonstances imparables ne mettant pas en cause la technique ou la compétence des soignants" (68). Cette opposition recoupe la distinction aléa / risque dans le langage courant. Dans son acception négative, l'aléa est assimilé par le Littré à "la chance de perte" – accident imprévu –, le risque "au péril dans lequel entre l'idée de hasard". Or un tel péril peut trouver son origine tant dans un accident imprévu – aléa – que dans

---

tions de loi, in *De la faute au risque*, op. cit., p. 213 : "Qu'est ce au demeurant que l'aléa thérapeutique ?". GROUTEL (H.), Le risque médical : évolution de la jurisprudence récente en droit commun et en droit administratif, *Médecine et Droit*, n°4, 1994, p. 12 : " (...) je me suis longtemps demandé ce qu'il convenait d'entendre par là (...)".

66- PAULIAT (H.), Le risque thérapeutique et la responsabilité médicale et hospitalière sans faute, *Petites affiches*, n°70, 13/06/1994, p. 18.

67- Projet G.E.M.A. annexé au rapport EWALD (F.), *Le problème français des accidents thérapeutiques, enjeux et solutions*, La Documentation Française, Paris, 1992, p. 112 ; TABUTEAU (D.), L'indemnisation du risque thérapeutique, *Droit social*, 03/03/1992, p. 306.

68- S.H.A.M., *L'indemnisation de l'aléa thérapeutique, Utopies et réalités en Europe*, op. cit., p. 1.

une faute. Toutefois, cette perception de la distinction aléa/risque n'est pas partagée par tous. Ainsi pour certains, le risque thérapeutique est le dommage que l'on ne peut rattacher à une faute dans l'exécution du traitement. Le juge administratif se trouve d'ailleurs au premier rang des partisans de cette approche. En effet, le Conseil d'Etat engage dans l'affaire Bianchi[(69)] la responsabilité sans faute du service public hospitalier sur le fondement du risque. Partant, la doctrine s'est référée dans de nombreux commentaires au "risque thérapeutique"[(70)]. Or dans ce cas, le terme "risque" n'est pas compris dans son sens courant, comme un inconvénient possible, mais au contraire selon le langage juridique, comme l'un des fondements de la responsabilité sans faute de l'administration. La réalisation du risque provoque ainsi un dommage que le juge administratif estime "juste et équitable" d'indemniser[(71)]. Dès lors, "le risque thérapeutique" de l'assureur et de certains auteurs n'est pas "le risque thérapeutique" du juge administratif et d'une partie de la doctrine.

Au surplus, il faut mentionner une seconde acception de la distinction aléa/risque, proposée notamment par le corps médical. Selon cette conception, l'aléa est une notion évolutive : la première étape du risque. Ici, l'aléa se définit comme "la réalisation d'un dommage dont la survenue est méconnue par la communauté médicale, à l'instant de la pratique de l'acte incriminé"[(72)]. Une fois réalisé, l'aléa se transforme en "risque". Le critère de distinction proposé en l'espèce repose sur la condition d'imprévisibilité. L'aléa est ainsi l'accident imprévisible; le risque, l'accident prévisible.

Si l'on transpose cette distinction aux deux cas de responsabilité sans faute du service public hospitalier, dégagés par le juge admi-

---

69- C.E. Ass. 09/04/1993 *Bianchi*, *R.F.D. adm.*, 1993, n°3, p. 573.

70- THIRIEZ (F.), L'indemnisation du risque thérapeutique, *Petites affiches*, n°60, 13 mai 1993, p. 15.

71- CHAPUS (R.), *Droit administratif général*, tome 1, 9e éd., Montchrestien, Paris, 1996, p. 1170.

72- BASTE (J.C.), L'aléa médical : évolution du concept en droit public, op. cit., p. 19.

nistratif, le sieur Gomez[73] est la victime d'un "aléa". La méthode de Luqué, utilisée pour le traitement d'une cyphose avancée constitue une thérapeutique nouvelle, dont les conséquences ne sont pas entièrement connues. Le sieur Bianchi[74] est la victime d'un "risque". L'artériographie vertébrale présente un risque dont l'existence est connue. La condition d'imprévisibilité n'est remplie que dans la première espèce. Toutefois, la Cour administrative d'appel de Lyon utilise dans son arrêt le terme "risque". Il faut donc d'évidence constater une contradiction entre les définitions des multiples protagonistes. En outre, cette diversité laisse parfois place à une véritable "confusion sémantique". D'aucuns assimilent en effet dans le domaine médical "l'aléa" au "risque"[75], les deux termes deviennent alors synonymes.

Ultime complication du débat, se greffe à la distinction "aléa" et / ou "risque", la distinction "thérapeutique" et / ou "médical".

2. "Thérapeutique" et / ou "médical"

Là encore, dans la majeure partie des cas, ces qualificatifs sont employés indifféremment et nul ne s'interroge sur la coïncidence du terme employé avec la réalité qu'il désigne[76]. Il est pourtant primordial d'opérer un choix consciencieux entre ces différents termes, puisqu'en découle le champ d'application du risque pris en charge par le juge administratif, et le cas échéant, par l'assureur ou le législateur.

73- C.A.A. Lyon 21/12/1990 *Gomez*, *Rec.* 498, *D.* 1991, S.C., obs. BON (P.) et TERNEYRE (P.), *Gaz. Pal.*, 21/07/1991, p. 440, note CHABANOL (D.), *JCP* 1991, II, 21 968, note MOREAU (J.), *R.D. sanit. et soc.* 1991, 258, note MEDOUZE (R.).

74- Op. cit.

75- Mme GOBERT, L'aléa thérapeutique en droit civil, op. cit., p. 16 : "L'aléa, dans le domaine médical, est synonyme de risque". Maître LE PRADO, colloque S.H.A.M., L'indemnisation de l'aléa thérapeutique, op. cit., p. 37 : "Tout acte médical ou chirurgical comporte un risque, un aléa". KIMMEL-ALCOVER (A.), A propos des accidents médicaux : vers l'indemnisation de l'aléa thérapeutique, *Petites affiches,* 25/12/1996, n°155, p. 21 : "En pratique les deux notions apparaissent comme des synonymes et sont fréquemment employées l'une pour l'autre".

76- Thérapeutique signifie "qui concerne le traitement de la maladie" ; médical signifie "qui se rapporte à la médecine". Si la médecine est le genre, la thérapeutique est l'espèce.

Conscient de l'intérêt de cette distinction, certains auteurs opposent clairement les deux termes, allant parfois jusqu'à trancher en faveur de l'un d'entre eux[77]. Ainsi, pour Didier Tabuteau, le risque est qualifié de "thérapeutique", "lorsqu'il concerne exclusivement les actes de soins, les traitements, les actions curatives" ; et de "médical", "lorsque le champ couvert s'étend aux autres interventions de la médecine et notamment aux actions de prévention"[78].

De son côté, le juge administratif semble se référer aux deux qualificatifs. En ce sens, dans les affaires Gomez et Bianchi sont respectivement en jeu "une thérapeutique nouvelle" et "un acte médical nécessaire au traitement et au diagnostic". Enfin, d'autres dépassent la dichotomie "thérapeutique"/"médical" : aux termes de la proposition de loi rédigée à l'initiative de l'Association de Secours et de Sauvegarde des Victimes d'accidents médicaux, sera indemnisé le dommage survenu à la suite "d'un diagnostic, d'une intervention chirurgicale, d'un traitement médical ou paramédical ou de l'utilisation d'un médicament, d'un produit ou d'un instrument destiné à procurer des soins"[79]. De même, Didier Tabuteau distingue une troisième sorte de "risque" : le "risque sanitaire" qui recouvre l'ensemble du système de santé et concerne non seulement les actes des professionnels de santé mais également les décisions et interventions des autorités et des gestionnaires[80].

77- BASTE (J.C.) préfère le qualificatif médical à celui de thérapeutique - "ce dernier stricto sensu, devant être réservé aux actes à finalité thérapeutique", in L'aléa médical, évolution du concept en droit public, op. cit., p. 19. De même, pour DELPOUX (C.), Directeur Responsabilité Civile de l'Assemblée Plénière des Sociétés d'assurances dommages, l'adjectif "thérapeutique" est trop étroit "ne caractérisant pas tous les actes médicaux dès lors que certains se situent nécessairement avec l'action thérapeutique", in Pour une généralisation de l'assurance personnelle des accidents médicaux, *Risques*, n°6, juin 1991, p. 35.

78- TABUTEAU (D.), *Risque thérapeutique et responsabilité hospitalière*, Berger Levrault, Paris, 1995, p. 18.

79- Annexée au Rapport EWALD précité.

80- TABUTEAU (D.), *Risque thérapeutique et responsabilité hospitalière*, op. cit. p. 16.

Finalement, les combinaisons entre ces diverses options - aléa, risque, thérapeutique, médical - sont multiples :

- en premier lieu, utilisation des deux termes (diversité terminologique) avec une signification différente (diversité sémantique) ;
- ensuite, utilisation des deux termes (diversité terminologique) avec une signification identique (unité sémantique) ;
- et enfin, utilisation d'un seul terme (unité terminologique) ayant des significations différentes selon les intervenants (diversité sémantique).

Dès lors, la recherche d'une quatrième combinaison - unité terminologique, unité sémantique - semble nécessaire pour clarifier le débat.

§2. Une clarification souhaitable au profit de l'unité terminologique et sémantique

Il ne s'agit pas ici de rejeter purement et simplement l'utilisation d'un terme. Il convient au contraire d'opérer une nette distinction de signification et d'emploi dans cette terminologie fluctuante. Une telle clarification constitue le seul moyen de mettre au diapason les propos des multiples protagonistes.

Dans ce but, il nous faudra déterminer dans un premier temps l'origine du préjudice subi : aléa ou risque (A). Puis, une fois justifié le choix opéré en faveur du concept de "risque", nous nous efforcerons de délimiter l'étendue du risque indemnisable (B).

A.– La détermination de l'origine du préjudice

L'option est simple : doit-on qualifier l'accident non fautif "d'aléa" ou de "risque" ?

1. L'aléa

Parmi les thèses étudiées dans le paragraphe précédent, celle de Jean-Claude Baste retient l'attention. Pour celui-ci la notion "d'aléa" est évolutive. Il s'agit de la possibilité de survenance d'un dommage inconnu par le corps médical à l'instant de la pratique de l'acte incriminé. Une fois réalisé, "l'aléa" se transforme en "risque" : un "aléa" est à l'origine de l'accident médical non fautif inconnu[(81)], un "risque" est à l'origine de l'accident médical non fautif connu[(82)]. Aussi, la distinction proposée par Monsieur Baste repose sur la connaissance ou non des effets néfastes d'un acte médical. Bien qu'intéressante – en tant qu'elle tente d'élucider l'éparpillement terminologique et sémantique existant en la matière – cette thèse est critiquable d'un double point de vue. En premier lieu, selon le Littré, "l'aléa" peut être une chance de gain ou de perte. Du latin *alea*, qui signifie "coup de dés", "l'aléa", fruit du hasard induit soit un événement heureux – une chance – soit un événement malheureux – un accident –. L'aléa médical est donc double : fortune ou infortune. C'est la raison pour laquelle il ne paraît pas opportun de parler "d'indemnisation de l'aléa thérapeutique" car on n'indemnise jamais la fortune, c'est à dire la guérison. A moins de préciser que l'on prend en charge "l'aléa thérapeutique malheureux"[(83)], le terme "aléa" devrait être réservé aux incertitudes qui entourent l'activité médicale. En second lieu, la condition d'imprévisibilité présente dans la notion "d'aléa" n'est pas totalement absente de celle de "risque". Quand bien même ce dernier est connu – c'est à dire répertorié dans la littérature médicale – sa survenue est également incertaine, hasardeuse. Dès lors, si le résultat d'un coup de dés ne peut être prévu, la réalisation d'une perte, d'un sinistre

---

81- C.A.A. LYON 21/12/1990 *Gomez*, *Rec.* 498.

82- C.E. Ass. 09/04/1993 *Bianchi*, *Rec.* 127, *R.D. publ.* 1993, p. 1099, note PAILLET (M.), *R.F.D. adm.* 1993, 573, concl. DAEL (S.), *J.C.P.* 1993, II, 22061, note MOREAU (J.).

83- En ce sens, le Professeur TRUCHET déclare : "La grande question est celle de l'aléa sanitaire : lorsque celui-ci joue dans le mauvais sens (...)", in Tout dommage oblige la personne publique à laquelle il est imputable à le réparer, A propos et autour de la responsabilité hospitalière, *R.D. sanit. et soc.*, 1993, p. 8.

qui s'est déjà produit, n'est pas automatique. Le hasard est bien présent dans ces deux notions même s'il n'agit pas au même niveau. Pour l'aléa, il décide de la fortune ou de l'infortune. Pour le risque, il décide de la réalisation ou non de l'infortune. Tant est si bien que dans le langage quotidien, "aléa" et "risque" ne recouvrent pas une même réalité.

Finalement, le terme "aléa" doit être utilisé à des fins bien précises – illustrer les hasards heureux ou malheureux de l'activité médicale – dont le "risque", entendu dans son sens courant ne constitue qu'une partie.

2. Le risque

Dans son acception commune, "le risque" s'entend d'un danger, d'un inconvénient possible, d'un sinistre éventuel. L'accident médical non fautif correspond à cette définition. De même, l'accident médical fautif constitue également un inconvénient possible de l'activité médicale. Du reste, comme il a été démontré antérieurement, les assureurs assimilent le "risque" à tout accident médical, quelle que soit son origine, faute ou absence de faute.

Or, "le risque" possède une signification juridique tout autre. En droit administratif, il constitue l'un des fondements de la responsabilité administrative, que l'on oppose traditionnellement au concept de faute. Par suite, une telle interférence sémantique entre ces deux acceptions est source de confusion. Il semble donc nécessaire que l'assureur s'intéresse aux causes juridiques – existence d'une faute ou d'un risque – qui conditionnent son intervention. Il ne saurait se détacher de la terminologie juridique! En effet, c'est bien parce que le juge administratif aura estimé que la responsabilité de l'hôpital était engagée que l'assureur de l'établissement devra intervenir. De fait, c'est en fonction de concepts juridiques – faute ou risque – au contenu bien précis que le juge tranche les litiges. Dès lors, l'on peut admettre l'utilisation des termes "aléa" et "risque" en les distinguant nettement, mais il faut refuser l'assimilation de "l'aléa" au "risque"(84). Pour au-

84- Aussi, médecins, assureurs et juristes peuvent utiliser les termes *"aléa"* et *"risque"* dans leur sens courant. Dans cette hypothèse, "l'aléa" est alors synonyme de fortune tant une clarification terminologique passe par une rigoureuse séparation des termes, et par l'appréciation du contexte dans lequel ils sont employés. La précision du langage juridique commande l'emploi du terme "risque" lorsqu'il s'agit d'évoquer l'un des fondements de la responsabilité administrative, qui correspond à l'exclusion de la faute. Une fois tranché, le débat terminologique et sémantique en faveur du risque, reste à déterminer l'étendue du risque indemnisable.

B.– La détermination de l'étendue du risque indemnisable

Pour ce faire, le risque doit être qualifié, puis conditionné.

1. Un risque qualifié

L'étendue du risque indemnisable est le fruit d'une échelle de qualifications. Par ordre croissant et en restant dans le domaine médical, l'on trouve d'abord le risque *diagnostique*, puis le risque *thérapeutique* et enfin le risque *médical*. Au surplus, d'aucuns voudraient indemniser le risque paramédical(85). Dès lors, il convient d'exclure toute assimilation d'un adjectif à un autre, puisque ces qualificatifs illustrent une réalité différente. Si l'on se réfère aux jurisprudences Gomez et Bianchi, il est possible de qualifier "les" risques actuellement indemnisés. Dans ces deux espèces, le juge administratif entend indemniser le risque consécutif à l'emploi d'un traitement (risque thérapeutique). Toutefois, la jurisprudence Bianchi va plus loin en prenant en compte également le diagnostic(86) (risque diagnostique). Or, l'adjectif "médical" est utilisé pour "tout ce qui se rapporte à la médecine", c'est à dire "à la science des maladies et de leur traitement"(87).

---

ou d'infortune liée à l'activité médicale, et inclut le "risque", aspect négatif de l'aléa (infortune).

85- Voir la proposition de loi de l'A.V.I.A.M. annexée au rapport EWALD précité.

86- L'artériographie est un acte diagnostique permettant la radiographie du système vasculaire grâce à l'injection d'un produit radioopaque dans la circulation sanguine.

87- MANUILA (L.), MANUILA (A.), NICOULIN (M.), *Petit dictionnaire médical*, 7e éd., Masson, Paris, 1997, p. 243.

Si bien que ce qualificatif, englobant diagnostic et traitement, semble le plus approprié pour désigner "le" risque reconnu par le juge administratif. Bien évidemment, une intervention législative en la matière – comme cela s'est déjà produit pour les dommages consécutifs aux vaccinations obligatoires[(88)] – pourrait procéder à sa requalification soit en restreignant son champ – ce qui nous paraît peu probable – soit en l'élargissant. Mais pour le moment, le seul risque reconnu étant le "risque médical", un accord des différents protagonistes sur ce terme, et sur ce qu'il signifie en cette matière, serait sans aucun doute bénéfique à l'avancée des débats. Choisi et précisé, le "risque médical" doit être ensuite délimité.

2. Un risque conditionné

Différentes conditions devront être réunies pour faire application de ce régime de responsabilité sans faute. Connue[(89)] ou inconnue[(90)], la réalisation du risque devra être exceptionnelle, c'est à dire rarissime. Cette notion de "risque exceptionnel" est déjà présente dans le contentieux de la responsabilité, puisqu'elle permet d'écarter l'obligation d'information du malade. Ainsi, une paralysie faisant suite à une injection d'intrarachidienne de méthiodal pour l'exécution d'une radiographie[(91)] ou consécutive à une greffe vertébrale[(92)] constitue un risque exceptionnel. Pour apprécier la fréquence du risque, le juge administratif se réfère aux données statistiques. De la sorte, l'artériographie des affaires Bianchi et Bureau[(93)] présente un risque de paralysie évalué à 3 ou 4 pour 10 000. Le préjudice subi par la victime devra ensuite être particulièrement grave et sans rapport avec l'état

---

88- A l'exigence de la faute (C.E. 20/05/1949 *Daret*, *Rec.* 234) fit suite un système de présomption de faute (C.E. Ass. 07/03/1958 *Dejous*, *Rec.* 153), pour enfin aboutir à un régime législatif de responsabilité sans faute (art. L. 10.1 du Code de la santé publique).

89- Cf. jurisprudence Bianchi.

90- Cf. jurisprudence Gomez.

91- C.E. 09/01/1970 *Carteron*, *Rec.* 17.

92-C.E. 19/05/1976 *Dame Veuve Cogniera*, *R.D. publ.*, 1976, p. 1396.

93- C.A.A. Paris 28/12/1995 *Bureau*, req. 93PA00621.

initial du patient. Sont ainsi exclues toutes les prédispositions endogènes. En ce sens, la Cour administrative d'appel de Bordeaux a refusé l'application de la jurisprudence Bianchi dans un cas de décès consécutif à une anesthésie au motif que "l'état initial de l'enfant Bélinda était tel qu'il rendait dangereux tout acte thérapeutique ainsi que l'anesthésie elle-même"[(94)].

En outre, le Conseil d'Etat réserve l'application de ce système de responsabilité sans faute du service public hospitalier aux malades frappés de séquelles gravissimes : paraplégie pour le Sieur Gomez, tétraplégie pour le Sieur Bianchi, hémiplégie pour le Sieur Bureau, décès pour les jeunes Mehraz et Prévôts[(95)].

En conclusion, seul ce risque – qualifié et conditionné – semble susceptible d'être indemnisé. *Le risque médical* devrait s'entendre de *l'accident non fautif exceptionnel, survenu à l'occasion d'un acte médical, ayant causé au patient un préjudice particulièrement grave.* Cet essai de définition pourrait constituer le dénominateur commun nécessaire pour accorder assureurs, médecins, patients et juges. En effet, toute évolution dans ce domaine suppose que le dialogue des différents protagonistes se focalise autour d'un même concept.

Cette tentative de délimitation du risque médical accomplie, il faut s'intéresser aux facteurs ayant contribué à l'extension de la responsabilité sans faute du service public hospitalier.

Section 2. Les facteurs de l'extension de la responsabilité sans faute du service public hospitalier

Réduire les blessures morales du "malade" devenu victime, telle pourrait être résumée, la philosophie qui inspire nos propos. En réalité, en présence du risque médical, ce n'est pas tant la Science que l'hôpital qui a failli à sa mission. Bien évidemment, l'Ethique ne saurait s'accommoder d'un tel désarroi, car l'impondérable scientifique n'est pas nécessairement moralement acceptable. Et il faut reconnaître

---

94- C.A.A. Bordeaux 12/12/1994 *M. et Mme Aidoud*, *Rec.* 1174.

95- Op. cit. C.A.A. Lyon 20/09/1993 *Hôpital Joseph Imbert d'Arles*, *Rec.* 470, *R.F.D. adm.* 1994, p. 99 ; T.A. Lille 22/09/1994 *Cts Prévost c/ C.H. de Seclin*, *Rec.* 703.

que de nos jours, le discours scientiste *(objectivement tout est science !)* n'a pas de prise sur les victimes essentiellement concernées par leur sort "tristement" individuel. Si bien que sûres de leur bon droit, celles-ci font preuve dans leur quête de réparation d'une réelle mobilisation. Le procès se transforme aujourd'hui en véritable "drame" joué par des "acteurs" et sur un ton fort pathétique (§1). Par suite, le sort de ces victimes n'aura pu qu'engendrer l'éveil des pouvoirs publics (§2).

§1. La mobilisation des acteurs au procès

Face à la multiplication des plaintes et des procès à l'encontre du corps médical, la relation de confiance supposant régir le rapport médecin - patient s'est progressivement transformée en "relation de défiance". Passif, lors des soins qui lui sont prodigués, le patient réclame aujourd'hui un droit de regard sur le traitement prescrit. Sujet "actif", le malade quitte son ancien statut de patient au profit de celui "d'acteur". Dès lors, le corps médical n'est plus immunisé contre une éventuelle mise en cause (A). "Le médecin a cessé d'être un devin pour devenir un ingénieur "[96]. En pratique, le juge administratif vient arbitrer ce "colloque singulier" en tentant de concilier le besoin de sécurité du patient et la liberté thérapeutique du médecin (B).

A.– La désacralisation de la profession médicale : le conflit patient/médecin

Sensibilisés, parfois même horrifiés par la mobilisation des victimes d'accidents médicaux, les praticiens redoutent la transformation du régime de responsabilité dans un sens similaire au système américain.

96- ISRAËL (L.), *La décision médicale*, Calmann Levy, Paris, 1980, p. 14 : "Et tout naturellement on lui demande aujourd'hui bien davantage qu'on ne faisait autrefois. Les hommes ont rapidement cessé de s'étonner de ses pouvoirs, pour seulement se plaindre qu'ils soient trop peu étendus, trop imparfaits".

1. La mobilisation des victimes

L'organisation des victimes, motivée par une meilleure connaissance du monde médical et la multiplication de solutions contentieuses défavorables, n'est possible qu'au travers du mouvement associatif et de l'écho médiatique. De fait, le Conseil d'Etat a longtemps rejeté l'idée d'une responsabilité sans faute du service public hospitalier. Un préjudice existe, un acte médical a bien été réalisé mais aucune faute n'a pu être constatée. Le juge administratif en conclut que "le dommage n'est pas de nature à donner lieu à une indemnisation sur le fondement du risque"[(97)]. De même, certaines décisions relèvent l'existence d'une faute qui pour autant ne permet d'engager la responsabilité de l'acteur médical, pour défaut de gravité de l'acte fautif. A titre d'illustration, le Tribunal administratif de Marseille déclare, à la suite de troubles neurologiques consécutifs à une myélographie, "à supposer (...) qu'une faute ait été commise, cette faute ne présente pas, en tout état de cause, une gravité suffisante pour engager la responsabilité du service public (...)"[(98)]. Ces quelques exemples laissent présager de "l'injustice" ressentie par des familles confrontées au refus de toute indemnisation. De telles décisions heurtent l'équité et instaurent une distorsion choquante entre le désarroi de la victime et l'immunité médicale.

Un second facteur contribue à mobiliser les victimes d'accidents médicaux. En effet, l'on peut observer une certaine banalisation de l'activité médicale aux yeux de l'opinion publique. La perception de la médecine par le patient s'est considérablement transformée sous l'influence d'une presse se faisant l'écho des dernières prouesses médicales. L'acquisition d'une connaissance relative en ce domaine permet aux malades d'apprécier et de contrôler la décision médicale. Dans l'esprit du patient, le traitement ne peut avoir qu'une seule issue : la guérison. L'échec est inacceptable. Il est ainsi possible d'observer chez le malade une confusion entre deux notions : le droit à la santé et

---

97- C.E. 22/09/1976 *C.H.R. de Bordeaux c/ Lorenzo*, *R.H.F.*, 1977, p. 104 ; C.E. 23/02/1962 *Meir*, *Rec.* 122.

98- T.A. Marseille 25/01/1985 *Assistance publique de Marseille c/ Roure*, *RHF* 1985, p. 816.

le droit à l'accès aux soins. Cette mobilisation des victimes est facilitée par deux moyens : l'écho associatif et médiatique. Se regrouper pour être écoutées, voici le choix opéré par les victimes d'accidents médicaux. Au moins trois associations de ce type peuvent être dénombrées en France : l'Association d'aide aux victimes d'accidents corporels du docteur Courtois, l'Association des victimes d'accidents thérapeutiques en l'absence de faute de Serge Gomez et enfin l'Association de secours et de sauvegarde des victimes des actes médicaux de Maître Fedia Julia(99). La présence du Bâtonnier Julia aux colloques organisés autour du thème de la responsabilité médicale est remarquée(100). Ses interventions présentent un double intérêt. Elles permettent en premier d'appréhender et de mieux comprendre la détresse des victimes. Celles-ci débutent en effet, par une présentation rapide de l'association et notamment, du motif de sa création. Elles se transforment ensuite en témoignage dramatique et poignant du père d'une victime d'accident médical. D'autre part, cet écho associatif pénètre la sphère hospitalière, permettant non seulement l'alerte de l'opinion publique, mais également l'information du corps médical(101).

La présence des associations est également assurée dans les émissions télévisées consacrées aux erreurs médicales(102). Pour autant, si de telles émissions permettent effectivement d'informer le public, elles ne favorisent pas la tenue d'un dialogue constructif entre

---

99- A.A.V.A.C., A.V.A.T.A.F. et A.V.I.A.M.

100- Interventions de Maître JULIA lors de divers colloques : Les victimes et la justice, in *L'indemnisation de l'aléa thérapeutique : Utopies et réalités en France et en Europe,* 30/03/1990, p. 52 ; La justice ne peut qu'être oeuvre de justice, in *La responsabilité médicale : de la faute au risque*, 1996, p. 241 ; L'attente des victimes et des auteurs de réclamation, in *S'inquiéter ... ou être responsable*, 1995, Lille ; Le point de vue des victimes sur l'indemnisation des accidents médicaux, in *L'indemnisation des accidents médicaux*, op. cit., p. 99.

101- Ainsi lors du colloque organisé par l'Association pour le perfectionnement des professions de santé, le 09/11/1995, à l'Institut Gernez-Rieux du C.H.R.U. de Lille, Maître JULIA a rappelé, dans une assemblée majoritairement composée de professionnels de la santé du secteur public, les différents dysfonctionnements du service public hospitalier et quelques aspects de la responsabilité hospitalière.

102- Présence du jeune Gomez dans deux émissions de TF 1 : "Santé à la une", 10/03/1995, intitulée *"Les erreurs médicales"*, et "Comme un lundi", 31/10/1995, *"La médecine est-elle malade ?"*.

acteurs de la relation médicale. Elles sont souvent le lieu de prise d'armes entre juristes, médecins et malades.

Enfin, la presse participe également à la sensibilisation de l'opinion publique. Usant souvent de titres à sensation - "L'hôpital de Draguignan reconnaît sa responsabilité dans le décès d'une fillette", "Les médecins ont-ils le droit à l'erreur ?", "Décès d'une mère de famille à cause de deux compresses oubliées"(103) - elle relate les accidents survenus(104). Tant est si bien qu'aujourd'hui, le corps médical dénonce une "justice médiatique" et s'inquiète d'une éventuelle dérive à l'américaine.

2. La peur du corps médical : la dérive américaine

Les médecins craignent le glissement du droit de la responsabilité français dans un sens comparable au système américain. Pourtant, cette peur du "spectre américain"(105) semble infondée. A l'origine de l'évolution du droit de la responsabilité aux Etats-Unis, l'on trouve une nouvelle philosophie de la société(106) visant à la protection des "faibles" - consommateurs, travailleurs, victimes - contre les "forts" - producteurs, patrons. Pour atteindre cet objectif, le fondement de la responsabilité a glissé de la faute au risque(107). Une telle révolution aboutit, dans le domaine médical, à la mise en place d'une

---

103- Voir respectivement *Le Monde*, 24/11/1992, p. 12 ; *L'Express*, 13/02/1992, p. 10 ; *Le Monde*, 17/03/1995, p. 12.

104- Erreurs médicales - Peut-on s'en protéger ?, in *Top Santé*, mars 1995, pp. 56-61 : quatre accidents médicaux sont survenus en février 1995 : "*Nice* : 6 personnes, prises de malaises graves (...) après une fibroscopie gastrique effectuée chez leur gastro-entérologue. (...) *Strasbourg* : opérée d'un simple kyste à la main, une jeune femme se retrouve dans un coma profond (...)".

105- ENGEL (L.), Vers une nouvelle approche de la responsabilité, le droit français face à la dérive américaine, *Esprit*, juin 1993, p. 6.

106- Deux professeurs de droit, ROSSER(W.) et WADE (J.), et un juge, TRAYNOR (R.), sont à l'origine de cette évolution, ibid.

107- De la responsability à la liability.

"médecine défensive", engendrant trois types de conséquences dommageables[108].

En premier lieu, le corps médical multiplie les examens préalables inutiles. L'Association médicale américaine (A.M.A.) estime, entre 15 et 20 milliards de dollars par an, le surcoût d'une telle médecine. Ensuite, l'innovation étant synonyme de risques, l'abstention est préférée à l'action face aux interventions les plus risquées. Enfin, les étudiants américains désertent certaines spécialités telles l'obstétrique, l'orthopédie, la neurochirurgie et l'anesthésie[109].

Toutefois, les craintes du corps médical français semblent exagérées et ce, de par les spécificités du modèle américain qui ne sont pas à proprement parler transposables en France. En effet aux Etats-Unis, le procès est le seul moyen d'obtenir une indemnisation face à l'inexistence d'un système de sécurité sociale. En outre, ce sont les caractères intrinsèques du système judiciaire américain qui favorisent une telle multiplication des procès. Les avocats y cherchent par tous les moyens à engager des poursuites du fait de leur mode de rémunération, constitué par un pourcentage de la somme accordée au plaignant. Dès lors, on assiste à un véritable "racolage" de leur part.

En tout état de cause, si la dérive américaine n'est qu'un "pur fantasme" des médecins français, le conflit patient/médecin, quant à lui, est bien présent. Il nécessite l'intervention du juge administratif pour départager les "combattants".

B.– L'arbitrage du juge administratif

Le juge administratif est appelé à arbitrer la relation patient/médecin. Cette tâche lui est particulièrement difficile[110].

108- Voir en ce sens les propos de POULETTY (M.), in L'assurance de l'accident thérapeutique : des solutions en vue, *Décision Santé*, n°35, 15/01/1993, p. 32.

109- Une telle réaction est compréhensible lorsque l'on sait qu'aux Etats-Unis 52 % des chirurgiens et 68 % des obstétriciens seront poursuivis au cours de leur carrière, in Vers une nouvelle approche de la responsabilité, op. cit., p. 2.

110- DUBOUIS (L.), Le juge administratif, le malade et le médecin, op. cit., p. 389 : "Juger de l'activité médicale constitue pour le juge administratif une de ses délicates missions".

Le "malaise du juge administratif"[111] trouve son origine, d'une part dans l'impossibilité des victimes d'apporter la preuve qu'une faute est à l'origine du dommage, d'autre part dans l'aléa juridique subi par les plaignants. En réaction, il a déployé différents subterfuges, facilitant l'indemnisation des victimes.

1. Le risque médical doublé de l'aléa juridique

Les griefs adressés par les victimes d'accidents médicaux au juge administratif ont trait à l'excessive durée de résolution des litiges, ainsi qu'à l'instabilité des solutions des différents degrés de juridiction. En effet, en dépit des réformes de 1953[112] et 1987[113], le délai de règlement définitif des litiges reste déraisonnable[114]. Du reste, si la création des Cours administratives d'appel a permis de désengorger le Conseil d'Etat[115], le nombre de saisines des Tribunaux administratifs ne cesse d'augmenter[116]. En outre, ce dysfonctionnement, présent pour l'ensemble des litiges portés devant la juridiction administrative, est particulièrement mal ressenti chez les victimes d'accidents médicaux pour qui l'indemnisation devient le seul moyen de reprendre une vie "plus ou moins normale". Le procès ne satisfait pas les victimes ; en ce sens Maître Julia déclare : "Je suis contre le procès, et notamment le procès administratif (...). A Rouen où j'exerçais, le Tribunal administratif a un retard de cinq ans. Ensuite, il y a les Cours admi-

---

111- CHABANOL (D.), Les victimes et la justice, colloque S.H.A.M., op. cit., p. 53.

112- Décret-loi du 30/09/1953 *JORF* 1953 p. 8593, DE LAUBADERE (A.), La réforme du contentieux administratif, *A.J.D.A.*, 1953, p. 173 ; RIVERO (J.), La réforme du contentieux administratif, *RD publ.* 1953, p. 926.

113- Loi du 31/12/1987 *JORF* 1988 p. 7 ; MARION (A.), Du mauvais fonctionnement de la juridiction administrative et de quelques moyens d'y remédier, *Pouvoirs*, 1988, n°46, p.21 ; DRAGO (R.), Les C.A.A., *R.F.D. adm.*, 1988, p.186.

114- C.E.D.H., 24/10/1989, H. c/ France, *Petites affiches* 1990, n°26, p. 12, note RICHER (L.).

115- Plus de 25 000 affaires d'arriérés au 01/01/1988 contre 19 500 au 01/01/1995 et 12 997 au 01/01/1998.

116- 100 000 affaires d'arriérés au 01/01/1988 contre 180 000 au 01/01/1995. Entre 1990 et 1997, les entrées nettes ont augmenté de 51,4% et le stock est de 32,3 %, in Rapport public du Conseil d'Etat 1998, pp. 149-153.

nistratives d'appel et puis, l'éventualité d'un pourvoi en cassation devant le Conseil d'Etat"[117]. Au surplus, l'appréciation du juge d'appel n'est pas nécessairement celle du juge de première instance. Le Conseil d'Etat est ainsi venu censurer à plusieurs reprises l'audace de certains tribunaux administratifs, reconnaissant la mise en jeu de la responsabilité sans faute du service public hospitalier[118]. Dès lors, les sommes accordées par le Tribunal administratif aux victimes, devront être remboursées. Le médiateur de la République s'est d'ailleurs fait l'écho de telles situations. Le jeune Samuel Douet[119] fut de cette manière condamné par le Conseil d'Etat à reverser les sommes perçues en première instance - un million de francs - augmentées des intérêts et des frais de procès, soit au total 1 220 000 francs. Toutefois, sur intervention du Médiateur, la compagnie d'assurance accorda une remise de dette et, le Gouvernement prit en charge le reste de celle-ci. Il est ainsi aisé de conclure avec Didier Chabanol que : "la juridiction administrative (...) est bien souvent facteur d'instabilité dans les relations sociales. Alors que le rôle d'une juridiction est, en principe, de lisser les comportements et de «calmer le jeu social»"[120]. Dès lors, pour tenter d'atténuer ces dysfonctionnements, le juge administratif use de subterfuges juridiques lui permettant de faciliter la tâche des victimes.

2. Les subterfuges du juge administratif

Par ses audaces jurisprudentielles, le juge administratif est devenu "l'allié"[121] des victimes d'accidents médicaux. En effet, face

---

117- CHABANOL (D.), Les victimes et la justice, Colloque S.H.A.M., op. cit., p. 52.

118- C.E. 19/05/1938 *Commission administrative des hospices de Marseille, Rec.* 435 ; C.E. 21/12/1938 *Commission administrative des hospices civils de Marseille c/ Dame Torchio, Rec.* 968 ; C.E. 06/02/1981 *C.H.R. de Nancy c/ Lotte, R.H.F.*, 1981, p. 879.

119- Rapport du Médiateur de la République au Président de la République et au Parlement, Direction des J.O., 1988, p. 188.

120- In *Les Victimes et la justice*, op. cit., p. 53.

121- DORSNER-DOLIVET (A.), *La responsabilité du chirurgien, aspects actuels et perspectives d'avenir*, Actes du 5ème Congrès Médical, Gand, 1979, p. 391 : "Dans le domaine médical, les patients ont souvent trouvé en la personne des magistrats un aux difficultés rencontrées par les victimes dans leur quête de la faute, il va déployer deux techniques lui permettant d'indemniser les victimes, sans toutefois admettre la mise en place d'un régime de responsabilité sans faute du service public hospitalier.

En premier lieu, il généralise le système des présomptions de faute. Cette technique présente un intérêt certain pour la victime, qui n'a plus à supporter la charge de la preuve de la faute. Celle-ci est présumée, et il suffit au patient de rapporter la preuve d'un lien de causalité entre l'acte incriminé et le dommage subi. D'abord limité aux dommages causés par les vaccinations obligatoires(122), ce système a donc progressivement été étendu. Aussi, le juge administratif admet-il la faute présumée en cas d'infections contractées à l'occasion d'un séjour à l'hôpital : à la suite d'une intervention sur la colonne vertébrale, le Sieur Cohen fut victime d'une infection méningée, sans qu'un défaut d'asepsie ait été établi. Néanmoins, le Conseil d'Etat va déclarer qu'une telle infection "*révèle* une faute dans l'organisation ou le fonctionnement du service public hospitalier (...)"(123). De même, la présomption de faute est admise en cas de dommages causés par des actes de soins courants ou bénins, tels que les brûlures, les troubles neurologiques consécutifs à des transfusions ou injections et les accidents de rééducation (124). Pour certains, ce système incarne la volonté du juge administratif de "vider la notion de faute de sa substance" pour préparer l'installation d'un système de responsabilité objec-

---

allié. Ceux-ci ont été sensibles aux difficultés de preuve soulevées par la responsabilité".

122- C.E. Ass. 07/03/1956 *Dejous*, *Rec.* 153, jurisprudence qui a d'ailleurs perdu tout intérêt du fait de l'intervention de la loi du 01/07/1964, JORF 1964, p. 5762.

123- C.E. 09/12/1988 *Cohen*, *Rec.* 431, MOREAU (J.), *A.J.D.A.*, 1989, p. 407. Jurisprudence précisée et confirmée par les arrêts : C.E. 01/03/1989 *Bailly*, *Rec.* 908, à propos de complications infectieuses par staphylocoques au cours d'une opération de réduction chirurgicale d'une fracture, C.E. 14/06/1991 *Maalem*, *Rec.*1185, à propos d'une infection osseuse consécutive à une intervention chirurgicale sur l'os frontal, C.A.A. Bordeaux 06/03/1990 *Centre Hospitalier de Brive*, *Rec.* 974, à propos d'un arrêt cardiaque provoqué par une bronchoscopie.

124- Voir respectivement C.E. 13/07/1961 *C.H. de Blois*, *Rec.*1174 ; C.E. 23/02/1962 *Meier*, *Rec.*122 ; C.E. 09/01/1980 *Martins*, *Rec.*4 ; C.E. 19/05/1976 *C.H.R. de Poitiers*, *Rec.*266.

tive[125]. En ce sens, le Professeur Gaudemet estime que "par le jeu de la présomption, le Conseil d'Etat tente de substituer ainsi discrètement un système de responsabilité, qui repose sur le risque, au système de responsabilité pour faute"[126].

Le second aspect des efforts du juge administratif, pour une meilleure indemnisation des victimes, tient dans l'application de la "notion" de la perte de chance[127] dans sa "fonction explicative"[128], inaugurée dans l'affaire Hôpital Hospice de Voiron[129]. Ici, le fonctionnement défectueux du service est établi, mais l'on ne sait pas s'il a pour conséquence directe la détérioration de l'état de santé de la victime. Dans un tel cas, le juge administratif accepte parfois la réparation, estimant que le patient a perdu une chance de guérir ou de survivre. Ainsi, un retard dans l'application d'une thérapeutique, qui aurait éviter une cécité totale, engage la responsabilité de l'hôpital. En l'espèce, le médecin n'avait pas recherché, "par les méthodes scientifiques les plus appropriées, si les symptômes n'annonçaient pas un méningiome frontal ; qu'ainsi, l'erreur de diagnostic ci-dessus relevée et l'administration pendant près de deux ans de soins inadaptés, ont compromis les chances de la Dame Rossier d'éviter une cécité totale"[130]. De fait, la faute est bien la cause d'une perte de chance de survie ou de guérison, mais celle-ci n'est pas nécessairement à l'ori-

---

125- SEKKAT (A.), op. cit., p. 9.

126- GAUDEMET (Y.), *Les méthodes du Conseil d'Etat*, L.G.D.J., Paris, 1972, p. 46.

127- MODERNE (F.), Perte de chances sanitaires et lien de causalité dans la responsabilité médicale, *R.T.D. sanit. et soc.* 1985, p. 165 ; VACARIE (I.), La perte d'une chance, *RRJ* 1987, p. 903 ; MEMETEAU (G.), Perte de chances et responsabilité médicale, *Gaz. Pal.* 24 et 25/10/1997, p. 23.

128- SALLET (F.), *La perte de chance dans la jurisprudence administrative relative à la responsabilité de la puissance publique,* Travaux de recherches Panthéon-Assas, Paris II, 1994, p. 14.

129- C.E. 02/04/1964 *Hôpital Hospice de Voiron*, *Rec.*259, à propos du défaut d'écoute de l'équipe de soins qui a compromis les chances qu'il avait d'éviter l'amputation de sa jambe.

130- C.E. 02/12/1977 *Rossier*, *Rec.* 485 ; C.A.A. Paris 6/03/1997 *CH intercommunal R. Ballanger*, req. n°94 PA 01139, à propos du traitement tardif d'un syndrome méningé qui "a compromis les chances d'un rétablissement rapide du patient et d'éviter des lésions irréversibles" gine du décès ou de l'aggravation de l'état pathologique du patient. Aussi, l'affirmation du lien de cause à effet, entre la faute et le préjudice intermédiaire, permet de contourner l'incertitude d'origine causale, de court-circuiter la causalité(131), et finalement d'exclure la faute comme origine certaine et directe du préjudice terminal.

La mobilisation des acteurs au procès - victimes, médecins et juge administratif - a contribué à sensibiliser les pouvoirs publics au problème des accidents médicaux.

§ 2. L'éveil des pouvoirs publics

"Le seul moyen de sauvegarder la relation médecin/malade est d'adopter une loi sur l'aléa thérapeutique" déclarait Philippe Douste-Blazy(132). De fait, les pouvoirs publics ont pris progressivement conscience des problèmes soulevés par le refus d'indemnisation des victimes d'un risque médical et ceci, tant à l'échelon national (A) qu'au niveau européen (B).

A.– Au plan national

L'intérêt, porté par les pouvoirs publics, au problème des accidents médicaux, s'illustre par deux phénomènes : la multiplication des propositions de loi d'une part, des rapports de l'administration d'autre part.

1. La multiplication des propositions de loi

Les quatorze propositions déposées sur le bureau de l'une ou l'autre assemblée(133) constituent un indice sérieux de la sensibilisation

---

131- T.A. Nancy 05/02/1987 *CHR de Nancy c/ Thévenin*, *RHF* 1987, pp. 949-950.

132- *Le Monde*, 09/05/1993, p. 10.

133- Propositions répertoriées au 1/10/1998 : Proposition de loi tendant à créer *un fonds de garantie destiné à indemniser les victimes d'accidents corporels occasionnés par une activité médicale*, AN, n°3193, première session ordinaire 1977-1978 ; Proposition de loi tendant à créer *un fonds d'indemnisation des dommages occasionnés par les soins dispensés par les membres des professions de santé*, AN, n°499, des parlementaires en ce domaine. Celles-ci ont toutes un même objectif : l'indemnisation de l'accident médical fautif et/ou non fautif. Toutefois, les moyens qu'elles prescrivent pour parvenir à ce résultat diffèrent. De la sorte, les premières propositions entendent diminuer le nombre des procès intentés contre les médecins par l'institution d'un fonds de garantie. La seconde phase s'illustre, quant à elle, par une volonté de mettre en place des mécanismes de médiation[(134)]. Par ailleurs saisi de nombreuses réclamations faisant état de situations dramatiques résultant d'un accident médical, le Médiateur de la République a proposé le 30 mars 1988 une réforme tendant à l'indemnisation du "risque thérapeutique".

Mais les parlementaires et le Médiateur ne sont pas les seuls à s'intéresser aux accidents médicaux comme l'illustre la multiplication des rapports de l'administration.

---

deuxième session ordinaire 1977-1978 ; Proposition de loi portant *création de commissions d'indemnisation compétentes en matière de responsabilité médicale,* AN, n°1360, session extraordinaire, 1982-1983 ; Proposition de loi relative à *la responsabilité médicale et à l'assistance aux victimes d'un accident thérapeutique,* AN, n°1866, première session ordinaire 1990-1991 ; Proposition de loi tendant à créer *un fonds de garantie pour indemniser les victimes d'accidents d'origine médicale,* S, n°89, première session ordinaire, 1991-1992 ; Proposition de loi relative à *l'aide aux victimes d'accidents thérapeutiques,* S, n°237, deuxième session extraordinaire, 1991-1992 ; Proposition de loi relative à *l'indemnisation des victimes d'accidents thérapeutiques,* AN, n°2717, deuxième session ordinaire, 1991-1992 ; Proposition de loi relative à *la responsabilité médicale et à l'assistance aux victimes d'un accident thérapeutique,* AN, n°572, première session ordinaire, 1993-1994 ; Proposition de loi tendant à créer *un fonds d'indemnisation des victimes du risque médical,* AN, n°1027, deuxième session ordinaire, 1993-1994 ; Proposition de loi relative à *l'indemnisation de l'aléa thérapeutique,* AN, n°1181, deuxième session ordinaire, 1993-1994 ; Proposition de loi relative à un *Fonds d'indemnisation de l'aléa médical,* AN, n°2982, 1996-1997 ; Proposition de loi relative à *l'indemnisation des victimes d'accidents thérapeutiques,* AN, n°158, 1997-1998 ; Proposition de loi relative à *l'indemnisation des accidents sanitaires,* AN, n°616, 1997-1998 ; Proposition de loi tendant à créer *un fonds d'indemnisation des victimes du risque médical,* n°671, 1997-1998.

134- L'ensemble de ces propositions sera étudié dans la seconde partie de ce mémoire.

2. La multiplication des rapports de l'administration

Depuis 1980, l'administration a élaboré quatre rapports relatifs à la responsabilité médicale.

Le rapport Mac Aleese, rédigé par un groupe de travail mis en place par la Chancellerie en 1980, a pour thème essentiel le traitement des conflits patient/médecin(135). Dans ce but, il préconise la mise en place d'un médiateur, choisi parmi les magistrats honoraires, auquel était assigné deux rôles - un rôle d'information à titre principal, de conciliation à titre secondaire. Toutefois, le fait que ce médiateur ne soit pas choisi parmi le corps médical limite l'étendue de ses pouvoirs d'investigation, dans la mesure où le secret médical pouvait lui être opposé(136).

En 1991, un second rapport, toujours élaboré par les services de la Chancellerie, s'intéresse cette fois à "la responsabilité médicale et à l'indemnisation du risque thérapeutique" avec deux objectifs : la prévention des contentieux et la modification du droit positif en matière de "risque thérapeutique"(137). Pour répondre au premier objectif, le rapport entend d'une part, renforcer et améliorer l'information des malades par la création de médiateurs médicaux, appartenant cette fois au corps médical ; d'autre part, instituer un système d'expertise amiable évitant aux victimes le recours à une désignation d'expert par voie judiciaire. En second lieu, le rapport préconise, à côté de la responsabilité pour faute des médecins, l'indemnisation des victimes d'accidents médicaux non fautifs en réparation "du préjudice anormalement grave subi".

Le troisième rapport, élaboré par Monsieur Ewald à la demande de Monsieur Kouchner, a quant à lui pour objet l'étude des "données et enjeux du problème (des accidents médicaux), en analysant les principales propositions avancées et en envisageant le cas

---

135- Rapport MAC ALEESE, Ministère de la Justice, Paris, 1980, 25 pages.

136- Voir CHADELAT (C.), Les rapports de l'administration relatifs à la responsabilité médicale, in Colloque *La responsabilité médicale : de la faute au risque*, op. cit., p. 215.

137- Ministère de la Justice, *La responsabilité médicale et l'indemnisation du risque thérapeutique*, Paris, 1991, 88 pages.

échéant, d'autres solutions"[138]. Afin de préserver la relation médicale, fondée sur l'obligation de moyen du praticien, le rapport recommande l'intervention législative. Toujours dans cet objectif, il suggère d'aménager les conditions de l'expertise, en recourant à un collège d'experts mandaté conjointement par les malades et les médecins. Il préconise enfin, l'institution d'une assurance "catastrophes individuelles", fonctionnant selon le principe de l'avance sur recours. Un tel système permettrait à la victime d'être directement et immédiatement indemnisée par son assureur, ce dernier pouvant postérieurement intenter une action contre le responsable[139].

Dernier rapport en date, le rapport Salat-Baroux de 1993[140] réaffirme la nécessité d'une intervention législative, puis s'interroge sur l'étendue du champ d'application de cette éventuelle loi. Il prévoit l'indemnisation de tous les dommages, qu'ils trouvent leur origine dans une faute ou un risque médical exceptionnel, par le biais d'un fonds d'indemnisation. A l'évidence, si ces quatre rapports révèlent la sensibilisation des différents gouvernements successifs au problème de l'indemnisation des accidents médicaux, aucun projet de loi n'a définitivement été élaboré. Il ressort toutefois de ces divers travaux une volonté unanime d'élaborer une loi, instituant à titre principal un régime de responsabilité pour faute et à titre accessoire, l'indemnisation des victimes en l'absence de toute faute.

A l'instar des autorités nationales, les instances européennes ont pris conscience du problème.

138- Voir lettre de mission envoyée par M. KOUCHNER, in Avant propos du rapport Ewald, La Documentation française, 1992, 110 pages.

139- Voir ALMERAS (J.P.), Le rapport EWALD sur les accidents thérapeutiques, *Le concours médical*, 05/12/1992, p. 3595.

140- *Les accidents médicaux : réparer sans déresponsabiliser*, 1993, 63 pages, non publié.

B.– Au plan communautaire

A l'heure actuelle, il semble impossible d'exclure du champ d'une étude l'influence du droit européen[141]. Ce dernier a une double vocation. Lorsqu'il revêt une force obligatoire, il s'intègre dans l'ordre juridique interne, obligeant le droit national à s'y conformer. Au cas contraire, il peut exercer une influence certaine sur l'évolution interne du droit positif ; les autorités européennes confrontent, en effet, constamment les divers systèmes juridiques nationaux. Aussi, notre étude portera sur les normes européennes qu'elles soient en gestation ou en vigueur.

1. Les normes européennes en gestation

L'idée d'une directive sur la responsabilité du prestataire de services a vu le jour en 1990[142]. Cette proposition de directive entendait introduire une présomption de défaut de sécurité contre le prestataire de services. De la sorte, tout dommage causé par une telle prestation "à la santé et à l'intégrité physique des personnes"[143] était susceptible d'être indemnisé, que la prestation se situe ou non dans le cas d'une activité de service public[144]. Un tel régime touchait inévitablement au problème du risque médical. D'abord, en ce que les prestataires de soins étaient assimilés à des prestataires de services. Ensuite, parce que le renversement de la présomption serait si délicat, qu'en pratique des accidents dont l'on ne connaissait pas ou mal les origines seraient indemnisés. Tant et si bien que l'on a assisté à "une levée de bouclier" du corps médical à l'encontre de cette directive[145],

---

141- On entend par droit européen, le droit communautaire et le droit élaboré par le Conseil de l'Europe.

142- Proposition adoptée par la Commission des Communautés européennes le 29/11/1990, COM (90), 482 final, J.O.C.E., 18/01/1991, pour un commentaire DUBOUIS (L.), Le droit européen et l'indemnisation de l'aléa thérapeutique, in Colloque *L'indemnisation de l'aléa thérapeutique*, op. cit., p. 193.

143- Article 1, ib. idem.

144- Article 2 et 3§1, ib. idem.

145- Qui doit répondre de l'accident médical ?, *Le concours médical*, 1991, p.496.

alors que les associations de victimes d'accidents médicaux la brandissaient comme un exemple à suivre par le droit national[146]. Conscients des réticences quant à l'insertion dans cette proposition des prestations de soins, ses auteurs précisaient, dans une première version, que "chaque Etat membre peut prévoir (...) l'exclusion des soins de santé en tant que tels, à la condition toutefois, que cet Etat membre ait mis en fonctionnement à cette date, un fonds de compensation pour les victimes de santé sur la base d'une responsabilité sans faute des prestataires de soins"[147]. Pour autant, si cette initiative fut accueillie favorablement par la Commission de l'environnement, de la santé publique et de la protection des consommateurs au Parlement européen, d'aucuns s'y sont vivement opposés. Ainsi, le Comité économique et social a émis, en 1991, un avis négatif sur l'ensemble du texte[148] et certaines Commissions du Parlement ont exclu du champ d'application de la directive les prestations de santé. De telles réticences ont conduit la Commission à retirer, dans une communication du 23 juin 1994[149], sa proposition. Toutefois, celle-ci n'exclut pas qu'une directive spécifique vienne encadrer la responsabilité des prestataires de soins[150]. Du reste, l'adhésion récente de la Suède à l'Union Européenne, qui connaît un tel système de responsabilité sans faute, pourrait faire accélérer les choses en la matière. En attendant l'adoption d'une telle directive, diverses normes européennes possèdent dès à présent une influence certaine sur le concept de risque médical.

2. Les normes européennes en vigueur

Le Conseil de l'Europe et les institutions communautaires sont à l'origine de réglementations, ayant une incidence sur le problème de

---

146- Voir Victimes en réparation, *Le Monde*, 12/12/1990, p.10.

147- EWALD (F.), MARGEAT (H.), Le risque thérapeutique, *Risques*, juin 1991, pp. 20-21.

148- Rapport VAYSSADE, 15/12/1992, A3, 0420/92.

149- COM (94) 260 final.

150- "Il ne s'agit pas, en retirant cette proposition, de renoncer à assurer la sécurité des services. Bien au contraire, il s'agit de reconsidérer la meilleure manière d'y parvenir, en s'appuyant sur les consultations appropriées", ibid. p. 8.

l'indemnisation du risque médical. Concrètement, le droit communautaire connaît actuellement deux dispositions de cette sorte. En premier lieu, tout pays instituant un fonds de garantie pour les victimes d'un risque médical, devra respecter le principe de non-discrimination entre ressortissants communautaires[151]. De ce fait, leur accès au fonds ne pourra être soumis à aucune disposition spécifique ne s'appliquant pas aux nationaux[152]. En second lieu, la directive du 25 juillet 1985, relative au rapprochement des législations des Etats membres, en matière de responsabilité du fait des produits défectueux[153], et instituant un système de responsabilité sans faute du producteur, fabricant du produit, va modifier le droit français[154]. En effet, aux termes du nouvel article 1386-3 du Code civil "est un produit tout bien meuble, même s'il est incorporé dans un immeuble, y compris les produits du sol, de l'élevage, de la chasse et de la pêche" et l'électricité. Dès lors, les produits à usage thérapeutique - médicaments, dispositifs et équipements médicaux - entrent dans le champ d'application de celle-ci. Or, de nombreux accidents médicaux ont pour origine l'utilisation d'un tel produit[155]. Pour autant, la transcription de cette directive n'est intervenue que très tardivement. D'ailleurs, la France a fait l'objet d'une condamnation le 13 janvier 1993 par la Cour de Justice, pour non-transposition de la directive de 1985[156]. Parallèlement au droit communautaire, l'influence du Conseil de l'Europe semble se limiter à deux recommandations. La première du 11 mai 1978[157], relative aux prélèvements, greffes et transplantations de substances d'origine humaine, prévoit l'indemnisation totale du donneur, indépendamment de toute mise en jeu de la responsabilité médi-

---

151- Article 7 du Traité de Rome.

152- Cette exigence de non-discrimination a été rappelée par la C.J.C.E. 02/02/1989 *Cavan*, aff. 186/87, *Rec.* 195, à propos de la création par la France d'un fonds d'indemnisation des victimes d'une infraction dont l'auteur n'a pu être identifié.

153- J.O.C.E., L 210, 07/08/1985.

154- Loi du 19/05/1998 relative à la responsabilité du fait des produits défectueux, *JORF* 1998, p. 7744.

155- Utilisation par exemple de l'iode pour le diagnostic.

156- Affaire C-293/91.

157- Recommandation (78) 29.

cale "en cas de dommage subi à la suite du prélèvement ou des examens préalables, grâce au système de sécurité sociale ou à un autre système d'assurance". La seconde du 6 février 1990[158] instaure, en matière de recherche médicale sur l'être humain, un système identique d'indemnisation. Force est de constater que dans ces domaines spécifiques, le droit européen exerce une influence non négligeable sur les droits nationaux.

Finalement, s'il paraît difficile de saisir le risque médical dans une définition unanimement acceptée par les différents protagonistes, le dommage qui en résulte, subi et dénoncé par les victimes, a sensibilisé et éveillé les pouvoirs publics aux problèmes des accidents médicaux non fautifs. Une telle prise de conscience a induit la reconnaissance progressive d'un régime de responsabilité sans faute du service public hospitalier.

158- Recommandation R (90) 3, article 14 : "Les personnes qui se prêtent à la recherche médicale et/ou leurs ayants droit doivent être indemnisées pour les dommages subis du fait de la recherche médicale (...)".

CHAPITRE SECOND

Les étapes de l'extension de la responsabilité sans faute du service public hospitalier

La reconnaissance du risque médical, comme fondement de la mise en jeu de la responsabilité sans faute du service public hospitalier est un travail de Sisyphe, dont on peut raisonnablement se demander s'il sera achevé un jour. Différentes étapes peuvent être discernées.

De fait, si le législateur est en proie à d'irréductibles difficultés quant à l'élaboration d'un régime général encadrant la réparation des dommages causés par le risque médical, il fut néanmoins l'initiateur d'un certain nombre de textes de loi. Ces textes concernent au premier chef les préjudices liés à l'exécution d'obligations - elles-mêmes légales - et/ou d'activités de haut intérêt général.

Or raisonner de la sorte, c'est essentiellement justifier, à la fois le régime de responsabilité sans faute et l'émergence corollaire d'un risque médical, par *la cause* de la survenue du dommage.

Du reste, une première étape fut franchie par la reconnaissance de nécessaires impératifs étiologiques (Section 1). Postérieurement, si le juge administratif s'est lui-même fondé sur l'origine du dommage pour introduire dans sa jurisprudence un premier cas de responsabilité sans faute du service public hospitalier[(159)], il n'en est néanmoins pas resté là. En effet, sans doute mû par des considérations de logique et d'équité il a consacré une hypothèse supplémentaire de responsabilité sans faute. Cette nouvelle jurisprudence favorable à la victime se fonde sur les caractères propres du dommage. Plus concrètement, la seconde étape se noue autour de l'avènement d'un dommage exceptionnel et d'extrême gravité (Section 2), et ceci indépendamment de son origine.

159- C.A.A. Lyon 21/12/1990 *Gomez, Rec.* 498, op. cit.

Section 1. La première étape : les "nécessaires impératifs étiologiques"[160]

C'est en effet la recherche des causes de l'apparition du dommage qui a conditionné, dans cette première approche la reconnaissance du risque médical. A ce niveau, l'action du législateur a précédé celle du juge. En pratique, sa reconnaissance législative (§1) est la résultante directe de la volonté d'indemniser, dans la plupart des cas un désarroi lié à une activité d'intérêt public. Comme nous l'avons souligné, le juge administratif n'est pas resté inactif : la reconnaissance jurisprudentielle (§2) participe de sa propre volonté de réduire la "fracture psychologique", découlant d'un préjudice qui fait suite à la mise en oeuvre de thérapeutiques nouvelles.

§1. La reconnaissance législative du risque médical

Le législateur a instauré quatre régimes de prise en charge du risque médical. Les trois premiers concernent les vaccinations obligatoires[161], les recherches biomédicales[162] et les dons du sang[163]. Le quatrième vise l'indemnisation des victimes d'une contamination par le virus d'immuno-déficience humaine, à la suite d'une transfusion de produits sanguins ou d'une injection de produits dérivés du sang[164]. Toutefois si les premiers entendent garantir aux personnes participant à ces activités d'intérêt général, des conditions favorables de réparation en cas de survenue d'un risque médical, le dernier vise uniquement l'indemnisation et non la recherche d'une quelconque responsabilité. Dès lors, nous nous intéresserons successivement aux régimes de responsabilité institués par le législateur (A), puis à un régime d'indemnisation à travers l'étude de la loi du 31 décembre 1991 (B).

160- Expression utilisée par Jean-Claude BASTE, op. cit.

161- Article L. 10-1 du Code de la santé publique.

162- Article L. 667-5 du Code de la santé publique.

163- Article L. 209-7 du Code de la santé publique.

164- Article 47 de la loi du 31/12/1991, J.O. 04/01/1992, p. 164.

A.– Les régimes législatifs de responsabilité

C'est en effet la nature des vaccinations obligatoires, des recherches biomédicales et des dons du sang qui conditionne la réparation du risque médical. En pratique, cette exclusion législative de la faute, comme condition de mise en jeu de la responsabilité médicale, est la résultante directe de la volonté étatique de prendre en compte le désarroi des patients confrontés à un préjudice lié à la mise en œuvre d'une activité d'intérêt public. Dès lors, le législateur est intervenu pour instituer des garanties au profit des personnes participant à de telles activités.

1. Les vaccinations obligatoires

La jurisprudence administrative refusait traditionnellement d'indemniser les personnes ayant subi un dommage à la suite de vaccinations obligatoires en l'absence de faute. Les réticences du juge administratif furent toutefois vaincues par le législateur. Initialement le juge administratif subordonnait l'indemnisation d'un tel dommage à la preuve d'une faute(165). Sa jurisprudence s'était toutefois assouplie : il avait estimé, dans un arrêt d'Assemblée du 7 mars 1958, Secrétaire d'Etat à la Santé publique contre Dejous, que la responsabilité pour faute présumée de l'administration était engagée. L'infection dont le jeune Dejous avait été victime, ainsi que six autres enfants vaccinés au cours de la même séance, révélait "un fonctionnement défectueux du service public, de nature à engager la responsabilité de l'administration" (166). Toutefois, il se refusait toujours à consacrer une responsabilité sans faute en la matière, et ce, malgré les efforts de persuasion des commissaires du gouvernement(167), de certains tribunaux admi-

---

165- C.E. 20/05/1949 *Daret*, *Rec.* 234 ; C.E. 7/05/1952 *Chassagnac*, *Rec.* 230.

166- *Rec.* 153 ; C.E. 13/07/1962 *Lastrajoli*, *Rec.* 507.

167- JOUVIN (B.), sur C.E. Ass. 07/03/1958, *Dejous*, *R.D. publ.*, 1958, p. 1092 : "L'action nous paraît naturellement relever du risque" ; MERIC (J.) sur C.E. 13/07/1962 Lastrajoli, *RD publ.* , 1962, p. 979 : "(...) le régime de la responsabilité sans faute, dans les domaines où il est admis, forme un bloc. (...). Par les motifs qu'a nistratifs[168] et de la Section sociale du Conseil d'Etat. Cette dernière se déclarait en effet favorable, à l'application d'un régime de responsabilité sans faute en ces termes :

"Il arrive que dans certains cas les vaccinations soient à l'origine d'accidents (...) graves, sans qu'il soit possible de relever une faute quelconque (...); que dans ces conditions, en rendant lesdites vaccinations obligatoires, pour des raisons d'hygiène et de salubrité publiques, et notamment en vue d'éviter les épidémies, la loi a créé dans l'intérêt général un risque spécial pour les victimes desdits accidents"[169]. Finalement, le législateur a relayé ces échos, en admettant en 1964, l'indemnisation des conséquences dommageables d'une vaccination obligatoire[170]. Toutefois, son champ d'application a été étendu à plusieurs reprises. D'abord, en ce qui concerne le lieu d'exécution, le champ d'application de la loi se limitait initialement aux vaccinations réalisées dans un "centre agréé"[171]. Cette référence a été supprimée par la loi du 26 mai 1975[172]. Pour autant, celle-ci ne fut appliquée qu'aux vaccinations intervenues postérieurement à son entrée en vigueur[173]. Il fallut encore attendre dix ans pour qu'une loi du 3 janvier 1985 portant diverses dispositions d'ordre social vienne étendre et uniformiser ce régime de responsabilité sans faute[174].

En ce qui concerne, en second lieu, la détermination des vaccinations obligatoires, le Code de la santé publique rend impérieuses les vaccinations antivariolique, antidiphtérique, antitétanique et anti-

---

développés M. le Commissaire du gouvernement Jouvin (...), nous serions d'avis de l'adopter pour la réparation des accidents causés par les vaccinations obligatoires".

168- T.A. Bordeaux 29/02/1956 *Meunier*, *D.* 1956, 1, 462 ; T.A. Lyon 17/06/1960 *Colliza*, *Gaz. Pal.* 1960, 2, 154 ; T.A. Lyon 14/06/1963 *Giraud*, *D.* 1964, p. 345.

169- TABUTEAU (D.), *Risque thérapeutique et responsabilité hospitalière*, op. cit., p. 44.

170- Loi du 01/07/1964, *JORF* 1964, p. 5762.

171- Il faut toutefois noter l'appréciation extensive de cette notion par le juge administratif retenant cette qualification pour une crèche : C.E. Sect. 10/11/1967 *Augusto*, *Rec.* 422.

172- Loi du 26/05/1975, *JORF* 1975, p. 5267.

173- C.E. Sect. 26/05/1982 *Rency*, req. n°23.762, à propos d'une vaccination antivariolique pratiquée en août 1971.

174- Art. 90 de la loi du 3/01/1985, *JORF* 1985, p. 94.

poliomyélitique, ainsi que la vaccination antituberculeuse[175]. Dans ces différents cas, la victime doit uniquement démontrer qu'il existe un lien de causalité entre le dommage subi et la vaccination obligatoire. En revanche, les vaccinations non obligatoires restent soumises à un régime de responsabilité pour faute[176].

2. Les recherches biomédicales[177]

La recherche fut de tout temps une activité indissociable de la médecine. Ainsi dès l'Antiquité, des expérimentations étaient exercées sur les condamnés à mort. Sous la Renaissance, Ambroise Paré essaie de nouvelles techniques chirurgicales sur le corps de ceux-ci. Il faut attendre le XIXe siècle, pour connaître différentes initiatives visant à encadrer les expérimentations sur la base du principe "primum non nocere", que le physiologiste Claude Bernard traduira de la sorte :

"la règle consiste à ne jamais pratiquer sur un homme une expérience, qui ne pourrait que lui être nuisible à un degré quelconque, bien que le résultat, pût intéresser beaucoup la science, c'est à dire la santé des autres"[178].

Toutefois, les expérimentations réalisées pendant la seconde guerre mondiale, dans les camps de concentration, vont sensibiliser opinion et pouvoirs publics des dérives possibles de telles recherches. Il fallait éviter que le malade soit "ravalé au rang des divers animaux, lapins, chiens, souris (...) qui attendent de se voir immoler, dans les laboratoires, sur l'autel de la Science"[179]. Si bien qu'en 1964, l'Assemblée médicale mondiale adopte la Déclaration d'Helsinki, subor-

---

175- Articles L. 5 à L. 7. Article L. 215.

176- C.E. 28/01/1983 *Amblard*, *Rec.* 32.

177- Voir AUBY (J.M.), La loi du 20 décembre 1988 relative à la protection des personnes qui se prêtent à des recherches biomédicales, *J.C.P.*, 1989, éd. G, I, 3384. DUBOUIS (L.), La protection des personnes qui se prêtent à des recherches biomédicales, *R.D. sanit. soc.*, 1989, p.156.

178-CHAUMET RIFFAUD (D.), BAILLY (A.L.), Risques liés à l'innovation médicale et à la recherche biomédicale, *Gestions hospitalières*, n°339, oct. 1994, p.621.

179- GERVESIE (M.P.), note sous CA Lyon 17/11/1952 *Delle Beynel c/ Doct. B...*, *D.* 1953, 2, 53.

donnant toutes expérimentations au consentement volontaire du sujet[180]. Le 20 décembre 1988, la loi dite "Huriet-Sérusclat" réglementant les "recherches biomédicales" est adoptée[181]. L'objectif principal de cette législation est de protéger toute personne acceptant de participer à des recherches. Dans ce but, elle détermine la répartition des responsabilités et les modalités de dédommagement en cas d'accident. Le législateur distingue ainsi deux régimes de responsabilité du promoteur[182] pour les recherches sans bénéfice individuel direct d'une part, et pour les recherches avec bénéfice individuel direct d'autre part. Sont institués dans le premier cas, un régime de responsabilité sans faute, dans le second, un régime de responsabilité pour faute présumée. Toutefois cette distinction, issue de la volonté législative, semble perdre toute signification en pratique[183]. En effet, il sera particulièrement difficile pour le promoteur de démontrer qu'aucune faute n'a été commise, et ce, par aucun des nombreux intervenants. Ainsi, la protection du sujet se prêtant à des recherches biomédicales est assurée, et il lui appartiendra la seule tâche de démontrer l'existence d'un lien de causalité entre la recherche exercée et le dommage subi. Le troisième et dernier régime législatif, instituant un régime de responsabilité sans faute, concerne les dons de sang.

180- Principe repris notamment par le Pacte international des Nations unies relatif aux droits civils et politiques (16/12/1966).

181- L'on entend par "recherches médicales", les essais ou expérimentations organisés et pratiqués sur l'être humain en vue du développement des connaissances biologiques ou médicales (art. L. 209-1 du Code de la santé publique).

182- Le promoteur est la personne physique ou morale, qui prend l'initiative de la recherche biomédicale, à ne pas confondre avec l'investigateur, personne physique, qui dirige et surveille la réalisation de la recherche.

183- M. PENNEAU déclare à propos de cette distinction : "il n'est pas certain que dans l'esprit et en pratique les choses soient fondamentalement différentes", in Le cas particulier de la recherche médicale, Colloque *L'indemnisation de l'aléa thérapeutique*, op. cit., p. 46.

3. Les dons de sang

Il convient ici, de distinguer deux périodes. Antérieurement à l'entrée en vigueur de la loi du 4 janvier 1993[(184)], le régime de responsabilité en la matière était disparate : une partie était régie par la loi, une autre par la jurisprudence. Une distinction était ainsi opérée entre les dons de sang classiques et les dons de sang après modification des caractéristiques de celui-ci. La loi du 2 août 1961[(185)] instituait un régime de responsabilité sans faute au profit des donneurs, dans les cas de prélèvements effectués après modification des caractéristiques du sang et donnait compétence au juge judiciaire pour connaître d'éventuels litiges. Dans les autres hypothèses - dons de sang classiques - le juge administratif, assimilant les donneurs de sang à des collaborateurs bénévoles du service public, admettait l'indemnisation des dommages subis sur le fondement de la responsabilité sans faute des centres de transfusion publics. Ainsi la Cour administrative d'appel de Nantes estimait que : "le prélèvement et la distribution du sang humain et de ses dérivés, tels qu'ils sont organisés par le centre hospitalier de Laval, constituent une activité du service public de santé (...)", dès lors "les donneurs de sang qui collaborent bénévolement à ce service doivent être garantis des conséquences dommageables des prélèvements pratiqués sur eux, même en l'absence de faute imputable au service"[(186)]. C'est en effet à bon droit "que ceux qui se sont dévoués pour le bien de tous et se trouvent être victimes, par suite de circonstances plus ou moins fortuites, de leur propre dévouement reçoivent de la collectivité une équitable indemnisation du préjudice subi"[(187)]. La loi du 4 janvier 1993 est venue unifier ce régime de responsabilité. La distinction opérée entre les dons réalisés avec ou sans modification des caractéristiques du sang disparaît. Désormais, en vertu de l'article L. 668-10 du Code de la santé publique, les cen-

---

184- *JORF* 1993, p. 237 ; art. L. 667 al.5 du Code de la santé publique, relative à la sécurité sanitaire en matière de transfusion sanguine et médicaments.

185- Art. L 667 du Code de la santé publique.

186- C.A.A. Nantes 11/06/1992 *Delhommeau, Rec.* 539.

187- VAUCOULOUX (L.), note sous T.A. Dijon 20/05/1964 *Pautras*, *AJDA* 1965, p. 174.

tres de transfusion sanguine sont tenus d'assumer "même sans faute, la responsabilités des risques encourus par les donneurs à raison des opérations de prélèvement". A côté de ces régimes de responsabilité, le législateur est également intervenu pour instituer un régime d'indemnisation.

B.– Un régime d'indemnisation : l'article 47 de la loi du 31/12/1991[188]

Le "drame de la transfusion"[189] a conduit les pouvoirs publics à instituer un dispositif d'indemnisation des victimes par l'article 47 de la loi n° 91-1406 du 31 décembre 1991. Ce régime qui repose sur l'existence d'un fonds, a fixé l'étendue de l'indemnisation des victimes.

1. Le moyen de l'indemnisation : le recours au fonds

La création du Fonds d'indemnisation introduit une simplification souhaitable pour les victimes confrontées à la difficile détermination de la juridiction compétente et aux hésitations du juge administratif. En effet, la première réaction des victimes fut de se tourner vers la ou les personne(s) physique(s) responsable(s) du préjudice, médecins, fonctionnaires ou ministres[190]. Toutefois, celles-ci ont très vite constaté que derrière ces protagonistes se trouvaient en réalité des personnes morales, publiques ou privées. Dès lors, le justiciable se trouvait confronté au difficile problème de la dualité de juridiction. De fait, la répartition des compétences entre juge judiciaire et juge administratif ne résultant pas de textes généraux, elle est incompréhensible pour le "requérant moyen". Au surplus, la démarche du juge

---

188- *JORF* 1992, p. 184.

189- EWALD (F)., op. cit., p. 92 : "Le drame de la transfusion est un drame de l'indécision, un drame de l'administration".

190- ABEL (O.), La responsabilité incertaine, Esprit, nov. 1994, p. 24 : "Tout malheur doit être la conséquence d'une faute ou d'une erreur. L'imputation se trouve donc en charge de l'antique fonction de rétribution. Il faut donc chercher le coupable pour purger la société du mal."

administratif variait parfois pour des faits identiques. Ainsi, le tribunal administratif de Paris affirmait, en 1991, la responsabilité de l'Assistance publique des hôpitaux de Paris sur le fondement de la faute lourde. Celle-ci "ne pouvait se retrancher derrière l'absence de disponibilité du test de dépistage du V.I.H. pour justifier son attentisme dès lors que la multiplication des Sida déclarés dans la communauté hémophile révélait l'existence d'un lien de causalité statistiquement significatif entre l'administration de produits sanguins dérivés et la contamination par le V.I.H."(191). D'autres tribunaux se fondent sur le risque et déclarent "qu'à partir du moment où les risques de contamination par le sang et les produits dérivés étaient connus, les services publics hospitaliers ont fait courir un risque à leurs usagers"(192). Par conséquent, l'institution d'un Fonds d'indemnisation devenait la seule "solution acceptable en équité"(193). Celui-ci, doté de la personnalité civile, est présidé par un président de chambre ou conseiller à la Cour de cassation, en activité ou honoraire. L'administration du fonds est assurée par une Commission d'indemnisation, composée d'un membre du Conseil d'Etat, de l'Inspection générale des affaires sociales, d'un médecin membre du Conseil national du Sida et d'une personnalité qualifiée dans le domaine de la santé (194). Pour être indemnisés, les victimes ou leurs ayants droit doivent établir leur contamination par le V.I.H. et leur soumission à une transfusion ou à une injection de produits sanguins. L'indemnisation repose ainsi sur une présomption de faute qui facilite la tâche des contaminés. Le Fonds dispose alors d'un délai de trois mois pour rechercher la réalité du lien de causalité entre transfusion et contamination, puis de trois mois encore pour proposer une offre d'indemnisation. Deux types de recours sont prévus par la loi. La victime dispose ainsi d'un droit d'action en justice contre le Fonds devant la Cour d'appel de Paris dans trois cas : rejet de la de-

---

191- T.A. de Paris 20/12/1991 *M. D.*, *Le Monde*, 21/12/1991, p. 34.

192- T.A. de Marseille 06/06/1991 *Consorts Nothelfer*, *Petites affiches*, 16/10/1991, p. 4, note HOLLEAUX (A.), infirmé par la C.A.A. Lyon 09/07/1992 *R.F.D. adm.*, 1992, p.1037.

193- HARDY (J.), De l'utilité sociale du droit à propos de l'affaire du sang contaminé, *Rev. adm.*, 1995, n°285, p. 237.

194- Article 8 du Décret n° 92-183 du 26/02/1992, *JORF* 1992, p. 2990.

mande d'indemnisation, non intervention de l'offre dans le délai légal et enfin rejet de l'offre consentie. En outre, l'article IX de la loi prévoit un recours subrogatoire du Fonds, à concurrence des prestations versées contre les personnes responsables du dommage, lorsque ce dernier est imputable à une faute. L'institution du Fonds répond de la sorte à la confusion jurisprudentielle préexistante en la matière. Pour autant, un problème demeure : celui de l'étendue de l'indemnisation.

2. L'étendue de l'indemnisation[195]

Le "droit à indemnisation" connaît certaines restrictions. Ainsi sont exclues les contaminations imputables à d'autres virus que le V.I.H., ainsi que celles consécutives à des transfusions réalisées à l'étranger avec des produits fabriqués dans les établissements français. En revanche, les personnes contaminées par une victime de transfusion ou d'injection - conjoint, concubin, ou enfants nés séropositifs d'une mère contaminée - sont incluses dans le champ d'application de la loi. Les préjudices pris en compte par l'indemnisation sont économiques et/ou moraux. En outre, le Fonds a posé le principe d'un "préjudice spécifique de contamination"[196]. Pour évaluer ce dernier, le Fonds se réfère au chiffre de deux millions de francs, plafond maximum d'indemnisation d'une victime contaminée à l'âge de 20 ans, et, applique ensuite une évaluation dégressive selon l'âge de la victime. Partant, il semble intéressant de dresser un bilan de l'application de cette loi. 11 000 victimes, directes ou indirectes, ont été indemnisées en trois ans pour une somme de 4, 41 milliards de francs[197].

195- LAMBERT-FAIVRE (Y.), L'indemnisation des victimes post-transfusionnelles du Sida : hier, aujourd'hui et demain, *R.H.F.*, n°4, 1993, p. 362.

196- Il se définit comme "le préjudice de caractère personnel, non économique, qui résulte de la contamination et comprend l'ensemble des troubles subis dans les conditions d'existence ; dans la phase de séropositivité, il comprend les troubles résultant de la réduction de l'espérance de vie, de l'incertitude quant à l'avenir, de la crainte des souffrances ainsi que des perturbations de la vie familiale et sociale, et des préjudices sexuel et de procréation ; dans la phase de sida déclaré il comprend les souffrances endurées, le préjudice esthétique ainsi que l'ensemble des préjudices d'agrément".

197- 4 000 victimes directes et 7 000 proches. Voir NAU (J.Y.), Un rapport sur l'indemnisation des hémophiles, *Le Monde*, 05/11/1994, p. 10.

Parallèlement au régime d'indemnisation institué par la loi du 31 décembre 1991, la responsabilité de l'Etat a été engagée en raison de carences dans son activité de réglementation et de contrôle de la transfusion sanguine[198] sur le fondement d'une faute simple.

En conclusion, il faut mentionner que cette loi constitue un précédent important pouvant influencer et servir de modèle à l'institution d'un régime d'indemnisation des accidents médicaux.

§ 2. La reconnaissance jurisprudentielle du risque médical

A côté de ces interventions législatives, le juge administratif va introduire un cas de responsabilité sans faute du service public hospitalier, qui constitue une avancée certaine pour les victimes (A). Dans les hypothèses législatives ci-dessus étudiées, si les conditions de survenue du dommage étaient clairement définies, l'importance du préjudice subi n'était pas prise en compte. A l'inverse, la jurisprudence Gomez est par certains points obscure, faisant appel à des circonstances étiologiques aux contours flous - les thérapeutiques nouvelles - et subordonnant l'indemnisation à la réalisation d'un dommage répondant à des conditions de gravité et de spécialité (B).

A.– L'affaire Gomez, une jurisprudence novatrice

Si la jurisprudence Gomez constitue une progrès certain pour les victimes d'un risque médical, elle suscite de nombreuses interrogations tant chez les médecins que chez les juristes.

1. Une avancée certaine pour les victimes

Un adolescent, âgé de quinze ans, est hospitalisé aux hospices civils de Lyon, le 25 août 1983, pour une intervention chirurgicale, justifiée par une cyphose avancée. La méthode de Luqué est utilisée. L'opération et le réveil ne soulèvent aucune difficulté. Toutefois trente six heures plus tard, le jeune Gomez est frappé d'une paraplégie

---

198- C.E. Ass. 09/04/1993 *G. D. B.*, *Rec.* 110, concl. LEGAL (H.), *A.J.D.A.*, 1993, p. 344.

flasque. Les parents de la victime saisissent le Tribunal administratif aux fins de faire prononcer la responsabilité des Hospices civils de Lyon, et, d'obtenir réparation du préjudice subi. Mais les conclusions des deux experts sont concordantes. Aucune faute ne peut être relevée à l'encontre du chirurgien, du personnel qui l'a assisté, ainsi que dans l'organisation du service. Par conséquent, le Tribunal administratif rejette la requête des parents du jeune homme, la preuve d'une faute lourde ne pouvant être rapportée. Or à l'occasion de l'appel de ce jugement, la Cour administrative d'appel de Lyon va augurer un régime de responsabilité sans faute du service public hospitalier. Pour cela, elle retient la responsabilité des Hospices civils en déclarant dans un considérant, qui mérite la citation :

"Considérant que l'utilisation d'une *thérapeutique nouvelle* crée, lorsque ses *conséquences ne sont pas entièrement connues, un risque spécial* pour les malades qui en sont l'objet ; que lorsque le recours à une telle thérapeutique ne s'impose pas pour *des raisons vitales, les complications exceptionnelles et anormalement graves* qui en sont la conséquence directe engagent, même en l'absence de faute la responsabilité du service public hospitalier"[(199)].

En pratique, l'application de la jurisprudence Gomez est limitée à la réunion de deux types de conditions concernant, d'une part la thérapie choisie - une thérapie nouvelle aux conséquences non entièrement connues et ne s'imposant pour des raisons vitales - et d'autre part, les conséquences de celle-ci à savoir les dommages subis - des complications exceptionnelles et anormalement graves.
Cette jurisprudence non confirmée par le Conseil d'Etat[(200)], fut toutefois reprise à l'occasion d'une intervention hépato-rénale de "description relativement récente et de réalisation peu fréquente"[(201)] et d'une hystéroscopie "technique relativement récente et en voie de

---

199- JONGUELET et LOLOUM, *A.J.D.A.*, 1991, p. 167, MOREAU (J.), *J.C.P.*, 1991, II, 21 698, op. cit., (nos italiques).

200- Les Hospices civils n'ayant pas saisi le Conseil d'Etat.

201- T.A. Toulouse 16/11/1995 *Cts D., C.P.A.M. de Tarn-et-Garonne c/ Centre hospitalier de Montauban*, note ALBERT (N.), Responsabilité pour risque exceptionnel et utilisation dommageable d'une thérapeutique nouvelle, *Petites affiches*, 10/06/1996, n°70, p. 11.

perfectionnement"[202] ayant entraîné le décès des patientes. Une telle jurisprudence constitue une simplification pour les victimes. En ce qui concerne le régime de la preuve, les "patients mutilés" ou les ayant-droits n'ont pas à prouver le caractère fautif du fait dommageable. Et la preuve par l'hôpital qu'aucune faute n'a été commise est sans conséquence. Au surplus, la responsabilité sans faute constituant un moyen d'ordre public, le juge administratif est tenu éventuellement de s'en saisir d'office, tandis que la victime peut l'invoquer à tout stade de la procédure. Ce progrès évident, en faveur d'une plus grande protection des victimes, soulève toutefois de nombreuses interrogations chez les autres acteurs au procès.

2. Les interrogations des juristes et des médecins

Juristes et médecins s'interrogent. Les premiers rencontrent bien des difficultés à déterminer le fondement de cette jurisprudence, les seconds envisagent les conséquences de celle-ci de manière négative. Les juristes restent perplexes dans leur quête du fondement de la jurisprudence Gomez[203]. La responsabilité sans faute peut trouver deux fondements : le risque ou la rupture d'égalité devant les charges publiques. La responsabilité pour risque apparaît à la fin du XIXe siècle, à une époque où la faute se trouve incapable de réparer les dommages issus de nouvelles techniques non encadrées par le droit. Le juge administratif consacre ainsi, la "théorie du risque professionnel" dans l'affaire Cames du 21 juin 1895[204]. Cette jurisprudence est d'ailleurs aujourd'hui appliquée aux collaborateurs occasionnels[205] du service public. Mais peut-on assimiler le Sieur Gomez à un collabo-

---

202- T.A. Amiens 18/11/1994 *Henri Boulongne et autres c/ CH de Montdidier et Société Storz France*, *Gaz. Pal.* 1995, pan. dr. adm. p. 153.

203- CHABANOL (D.), op. cit., p. 441 : "Les outils traditionnels sont insuffisants. Et sans doute le fondement de l'arrêt (...) se situe t-il quelque part entre l'idée de rupture d'égalité et de collaborateur du service".

204- C.E. 21/06/1895 *Cames*, *Rec.* 509.

205- C.E. Ass. 22/11/1946 *Commune de Saint Priest la Plaine*, *Rec.* 279 ; C.E. Sect. 25/09/1970 *Commune de Batz-sur-Mer*, *Rec.* 540.

rateur du service public hospitalier ? D'aucuns le pensent[206]. Ce fondement paraît toutefois des plus contestables. En l'espèce, le Sieur Gomez est un usager du service public hospitalier. Il entre à l'hôpital comme malade et non comme "cobaye". D'ailleurs, le juge administratif opère une nette distinction entre la qualité d'usager et celle de collaborateur du service[207]. Au surplus, la qualification de collaborateur du service public répond à des conditions restrictives. L'intervention de celui-ci doit notamment avoir été justifiée par "une urgente nécessité" [208]. Or dans l'espèce qui nous intéresse ici, le juge administratif précise que le recours à une telle thérapeutique ne s'imposait pas pour des raisons vitales. La condition "d'urgente nécessité" n'est dès lors pas remplie. En conséquence, le Sieur Gomez ne peut dès lors être assimilé à un collaborateur du service public hospitalier.
Seconde possibilité : l'administration fait courir par l'emploi de choses[209] ou de méthodes dangereuses[210] un risque spécial aux tiers.
Dans notre affaire, l'utilisation d'une thérapeutique nouvelle peut être assimilée à une méthode dangereuse. En effet, les conséquences de celle-ci n'étaient pas entièrement connues. Du reste, le Professeur Chapus classe la jurisprudence Gomez dans cette catégorie[211].
Mais l'on peut refuser l'application de ce fondement, au motif que le

---

206- Pour CHABANOL (D.) la victime "sert en quelque sorte de cobaye, en collaborant au progrès médical", op. cit. p.441.

207- C.E. 29/04/1963 *Narcy*, *Rec.* 867.

208- C.E. Sect. 09/10/1970 *Gaillard*, *Rec.* 565.

209- C.E. 28/03/1919 *Regnault Desroziers*, *R.D. publ.*, 1919, p. 239, à propos de l'explosion, en 1918, d'un stock de munitions de guerre entreposé dans un fort à La Courneuve.

210- Constituent des méthodes dangereuses : les méthodes libérales de rééducation en milieu semi-ouvert (C.E. Sect. 03/02/1956 *Thouzellier*, *Rec.* 49), les sorties d'essai des malades mentaux (C.E. Sect. 13/07/1967 *Département de la Moselle*, *Rec.* 341), et enfin les permissions de sortir des détenus (C.E. 02/12/1981 *Theys*, *Rec.* 456).

211- "La jurisprudence Thouzellier a trouvé un champ d'application nouveau (...) en matière de responsabilité hospitalière. Il s'agit de l'extension du bénéfice de la responsabilité sans faute aux personnes hospitalisées, qui ont été exposées à un risque spécial de dommages, du fait de la mise en oeuvre, en ce qui les concerne, de certaines méthodes thérapeutiques", CHAPUS (R.), *Droit administratif général*, op. cit., p. 1177.

Sieur Gomez est un usager du service public hospitalier et non un tiers. Il faut toutefois noter que dans certains domaines, les usagers bénéficient d'un régime de responsabilité sans faute. Il en va ainsi pour les usagers d'ouvrages "exceptionnellement dangereux"(212). Il semble possible de rattacher à ce cas le fondement de la jurisprudence Gomez. Du côté des médecins, la jurisprudence Gomez fait craindre une certaine retenue des services de pointe des centres hospitaliers régionaux universitaires. En effet, ces derniers sont appelés à utiliser des thérapeutiques nouvelles. Dans ces conditions, une telle solution peut constituer un frein au progrès médical. L'avancée certaine de cette jurisprudence, en faveur de l'indemnisation des victimes d'un risque médical, est toutefois obscurcie par certains points peu précis.

B.– L'affaire Gomez ou la persistance de points obscurs

Deux griefs peuvent être formulés à l'encontre de cette jurisprudence. Le premier concerne ses conditions d'application pour le moins "énigmatiques". La jurisprudence fait, en effet, appel à des notions aux contours relativement flous, telles que "les thérapeutiques nouvelles", ou encore les "exceptionnelles et anormales complications", que seules de nouvelles espèces réglées sur le même fondement pourront clarifier. En second lieu, le rôle de l'expert semble toujours primordial, ce qui n'est pas sans générer certains problèmes.

1. Des conditions obscures en voie de clarification

Que doit-on entendre par "thérapeutique nouvelle"?(213) En l'espèce, la méthode de Luqué, pratiquée chez le jeune Gomez, était utilisée depuis cinq ans aux Etats-Unis. D'ailleurs en France, soixante-dix opérations de même nature avaient été réalisées antérieurement au "cas Gomez". Dès lors, l'on peut s'interroger sur les critères objectifs susceptibles de délimiter cette notion. Le Professeur Jean-Claude Baste propose deux critères, dont il soulève immédiatement

---

212- C.E. Ass. 06/07/1973 *Dalleau*, *Rec.* 482, à propos d'une route nationale, longeant le pied d'une falaise sujette à des éboulements.

213- MEDOUZE (R.M.), op cit. p. 207.

les limites[214]. Il s'agit en premier lieu, d'un critère temporel. Ainsi, au bout d'un certain nombre d'années de pratique d'une intervention, celle-ci deviendrait courante. Toutefois, si une telle intervention ne s'effectue que rarement, elle peut rester nouvelle pendant des années, faute de pratique. Le second critère tient dans la diffusion des conséquences néfastes d'une thérapeutique au sein du corps médical. Une fois connu l'ensemble de celles-ci, l'intervention perdrait son label de "thérapeutique nouvelle". Le jugement du Tribunal administratif de Toulouse, Consorts D. et C.P.A.M. de Tarn-et-Garonne contre Centre hospitalier de Montauban, du 16 novembre 1995, est venu préciser cette notion[215]. L'intervention de l'espèce - une réimplantation hépato-rénale - est "de description récente et de réalisation peu fréquente". En l'espèce, le juge administratif dégage un critère fréquentiel, complétant efficacement le critère temporel. De plus, les risques inhérents à l'utilisation d'une telle thérapeutique n'étaient pas connus, ni décrits dans la littérature chirurgicale à l'époque de l'intervention. Il nous semble toutefois difficile d'apprécier quantitativement le nombre de publications nécessaires pour connaître de l'ensemble des effets négatifs d'une intervention. Au reste, ceux-ci ne sauraient être exhaustivement répertoriés. De nouveaux cas succéderont inévitablement à ceux précédemment recensés. De même, l'expression "exceptionnelles et anormales complications" relève d'une appréciation subjective. Le terme "exception" revêt, en effet, deux acceptions : d'abord, ce qui est inattendu quantitativement, ensuite ce qui est inattendu qualitativement. Laquelle de ces deux options choisir ? En conséquence, tout risque médical n'est pas susceptible de réparation ; cette fois encore, le juge administratif dispose d'une large marge d'appréciation[216] "soucieux avant tout de l'espèce sur laquelle il doit statuer, soucieux aussi de réserver sa liberté pour l'avenir en ne se liant pas les mains

214- BASTE (J.C.), L'aléa médical : évolution du concept en droit public, op. cit., p. 19.

215- ALBERT (N.), op. cit., p. 13.

216- De nombreuses notions du droit administratif laissent au juge une importante marge d'appréciation : la faute lourde de la responsabilité administrative, l'aménagement spécial de la domanialité publique, ou encore la prérogative de puissance publique.

par des formules trop rigoureuses"[217]. L'obscurité de ces conditions génère un second problème, celui de l'influence des experts.

2. Un rôle à clarifier : le rôle de l'expert

Le juge administratif ne peut apprécier lui-même la nouveauté de la thérapeutique choisie, dès lors le rôle des experts semble renforcé. Aussi dans le domaine de la responsabilité médicale, l'expert devient le véritable arbitre du procès[218]. La doctrine l'accuse de négligence et de partialité. Pour Maître Julia "il y a le corps de l'expertise où sont décrites les erreurs commises - mais en langage technique - ,et les conclusions où en quelques lignes, l'expert dit qu'il n'y a aucune faute" et il ajoute : "J'ai vu des milliers d'expertises et c'est toujours comme ça ! Et c'est grave, parce que les juristes qui utilisent ces expertises, ne comprenant rien aux explications techniques, vont droit aux conclusions"[219]. Les rapports d'expertise sont confrontés à deux critiques principales : l'obscurantisme et la confraternité. Le vocabulaire technique utilisé obscurcit l'analyse réalisée. De la sorte[220], on peut trouver dans un rapport d'expertise les termes "septoplastie", "rhinoplastie" ou encore "le médecin a dû retirer du pied de cloison après résection avec un petit mouvement de torsion sur le Vomer et le pied de cloison (...)" sans aucune autre explication. En second lieu, les experts membres de la "caste médicale" sont accusés d'être partiaux. Conscients et sensibilisés aux difficultés de la profession médicale, ils hésitent à accabler leurs confrères. Force est de reconnaître qu'une telle frilosité est détestable. Mais peut-on pour autant passer outre l'expertise médicale dans de tels litiges? Nous ne le pensons pas. En effet, le juge se trouverait bien dépourvu face aux données médicales déformées par les avocats des parties. Dès lors, la solution du problème tient dans le rétablissement d'un véritable dialogue entre le

---

217- RIVERO (J.), Existe t-il un critère du droit administratif ?, *R.D. publ.*, 1953, p. 279.

218- Une question se pose "qui juge : l'expert ou le juge ?", GUIGUE (J.), in Colloque *La responsabilité médicale : de la faute au risque*, op. cit., p. 59.

219- *Que choisir ?*, n° 259, mars 1990, p. 20.

220- Exemples donnés par M. GUIGUE, op. cit., p. 60.

juge et l'expert. Ce dernier doit clarifier ses propos et par suite faire "disparaître un certain nombre de voiles entre lui et le juge, qui masquent parfois la réalité"[221].

Le juge administratif va dépasser cette première étape de la reconnaissance du risque médical. Les nécessaires impératifs étiologiques vont laisser place au dommage exceptionnel et d'extrême gravité.

Section 2. La seconde étape : "le dommage exceptionnel et d'extrême gravité"

Poursuivant ses investigations, le juge administratif va délaisser la cause et l'existence proprement dite du dommage, pour appréhender ses caractéristiques et son étendue. Le discours étiologique cède ici la place à une logique finaliste. Ainsi, lorsque le préjudice encouru présentera un caractère particulièrement sévère, la victime pourra obtenir réparation. Plus concrètement, le juge administratif a reconnu en tant que nouvelle catégorie *le dommage exceptionnel et d'extrême gravité* (§1).

Est-ce véritablement un progrès ? La question n'est pas aussi saugrenue qu'elle n'y paraît, tant il est vrai que les conditions posées par le juge sont restrictives. Dès lors, il conviendra de s'interroger sur le point de savoir si *Gomez* et *Bianchi* resteront ou non à l'avenir, deux visages exclusifs du risque médical ? (§2)

§1. Une nouvelle catégorie : le dommage exceptionnel et d'extrême gravité

Par son arrêt d'Assemblée du 9 avril 1993, le Conseil d'Etat s'extrait du "carcan étiologique"[222] pour introduire à l'hôpital public une responsabilité sans faute en cas de préjudice anormal, exceptionnel et extrêmement grave (A), dont il faut apprécier l'impact (B).

221- Ibid. p. 62.

222- BASTE (J.C.), op. cit., p. 20.

A.- L'affaire Bianchi ou l'occasion d'une jurisprudence novatrice

Cette jurisprudence est novatrice à deux égards. Elle introduit d'abord un nouveau cas de responsabilité sans faute du service public hospitalier, qui d'autre part ne peut être rattaché aux classifications existantes.

1. Le principe et ses applications

A la suite de nausées, douleurs cervico-occipitales et paralysie faciale, Monsieur Bianchi est hospitalisé dans le service neurologique de l'hôpital de la Timone, au sein du Centre hospitalier universitaire de Marseille, où il subit différents examens(223) ne révélant rien d'anormal. Par mesure de sécurité, la réalisation d'une artériographie(224) des artères vertébrales est décidée. Le patient est alors frappé d'une tétraplégie, qui lui impose l'aide constante d'une tierce personne. Ne gardant que quelques séquelles légères de sa paralysie faciale, le Sieur Bianchi est "aujourd'hui malade essentiellement des conséquences d'un acte médical non fautif"(225). Le Tribunal administratif de Marseille rejette la requête au motif qu'aucune faute n'a pu être relevée par les différentes expertises ordonnées à la charge de l'hôpital. En appel, le Conseil d'Etat, confirmant l'absence de faute, suit les conclusions de son commissaire du gouvernement Daël et conclut à la mise en jeu de le responsabilité sans faute du service public hospitalier, dans un considérant désormais bien connu :

"Considérant toutefois, que lorsqu'*un acte médical nécessaire au diagnostic ou au traitement du malade* présente *un risque dont l'existence est connue mais dont la réalisation est exceptionnelle* et dont *aucune raison ne permet de penser que le patient y soit particulièrement exposé*, la responsabilité du service public hospitalier est engagée si l'exécution de cet acte est la *cause directe de dommages*

223- Fond d'oeil, électro-encéphalogramme et scanographie.

224- L'artériographie est un acte diagnostique permettant la radiographie du système vasculaire grâce à l'injection d'un produit radioopaque dans la circulation sanguine.

225- in conclusions DAEL (S.), *R.F.D. adm.*, 1993, p. 575.

sans rapport avec l'état initial du patient comme avec l'évolution prévisible de cet état, et présentant un *caractère d'extrême gravité*".

Cette avancée jurisprudentielle permettra au Sieur Bianchi d'obtenir une indemnité s'élevant à 1 500 000 francs. Ces conditions restrictives ont été réunies à plusieurs reprises par le juge administratif, à l'occasion d'une hémiplégie droite massive avec coma consécutive à une artériographie(226), du décès d'une patiente à la suite d'une endoscopie bronchique et d'une biopsie(227), en raison d'une violente réaction allergique au produit de contraste utilisé lors d'un "scanner corps entier"(228) ou au cours d'une anesthésie(229). De manière identique, ont été réparés sur ce fondement des troubles moteurs évalués à 80 % consécutifs à un traitement par chimionucléolyse pour curer une sciatique(230).

2. Le fondement de la jurisprudence Bianchi

Comme le souligne le commissaire du gouvernement Däel "le risque thérapeutique paraît de prime abord atypique"(231). Il semble en effet bien difficile de rattacher la jurisprudence Bianchi aux cas habituels de responsabilité sans faute. En premier lieu et comme nous l'avons étudié précédemment pour l'affaire Gomez, il paraît délicat de soutenir que le Sieur Bianchi avait la qualité d'un collaborateur du service public. En effet, il est avant tout un usager du service public hospitalier. Or, le juge administratif distingue soigneusement l'usager du collaborateur(232). Aussi, Monsieur Bianchi est un malade "qui est soigné à sa demande et dans son propre intérêt"(233). Peut-on par

---

226- C.A.A. Paris 28/12/1995 *M. Bureau*, req. n°93 PA 00621.

227- T.A. Poitiers 26/03/1997 *Mme Fatma Benrekta et autres c/ CH d'Angoulême*, *RJCO* 1997, n°20, p. 150, note FLORES LONJOU (M.).

228- T.A. Orléans 29/12/1994 *Cts Chassier*, req. n°9243.

229- T.A. Lille 22/09/1994 *Cts Prévost c/ CH de Seclin*, *Rec.* 705.

230- C.A.A. Lyon 13/02/1997 *CH de Thonon-les-Bains*, req. n°94 LY 0232.

231- Op. cit., p. 577.

232- C.E. 29/04/1983 *Narcy*, *Rec.* 867, *D.*, 1983, p. 347. Cf. supra.

233- Conclusions DAEL (S.), op. cit., p. 573.

ailleurs estimer que l'activité médicale hospitalière constitue une activité dangereuse ?

La thérapeutique nouvelle, dont on ne connaît pas l'ensemble des conséquences, peut être assimilée à une méthode dangereuse utilisée par l'administration. En revanche, l'artériographie subie par le Sieur Bianchi est d'usage relativement fréquent et le risque d'accident statistiquement très faible. Au surplus, il faut observer qu'il s'agissait en l'espèce de prendre en compte, non les activités médicales les plus risquées, mais les conséquences les plus graves d'actes dont les risques de survenue sont rarissimes[(234)]. Enfin dernière possibilité, cette jurisprudence illustrerait un cas de rupture d'égalité devant les charges publiques. Pourtant, il semble là encore difficile de rapprocher notre espèce de ce fondement traditionnel de la responsabilité administrative, et ce pour deux raisons. Tout d'abord, cet aspect de la responsabilité administrative ne concerne actuellement que les activités régaliennes de l'administration. Il en va ainsi lorsque cette dernière refuse au bénéficiaire d'un jugement le concours de la force publique[(235)] ; lorsqu'elle use de son pouvoir d'édicter des actes administratifs[(236)] ; lorsqu'elle adopte des lois[(237)] ou conclut des traités[(238)]. Or, le choix d'une thérapeutique ne peut s'apparenter à une prérogative de puissance publique[(239)]. En second lieu dans la majeure partie des cas : l'acte médical est bénéfique au patient, et en cas d'échec la contribution à la santé collective sera involontaire. Force est donc de constater qu'une certaine confusion règne autour de cette nouvelle catégorie de responsabilité sans faute, dont il convient à présent d'apprécier l'impact.

234- DAEL (S.), La responsabilité médicale sans faute des hôpitaux publics, Colloque, op. cit., p. 115.

235- C.E. 30/11/1923 *Couitéas*, *Rec.* 123.

236-C.E. Sect. 22/02/1963 *Commune de Gavarnie*, *Rec.* 113.

237-C.E. Ass. 14/01/1938 *Société des produits laitiers La Fleurette*, *Rec.* 25.

238- C.E. Ass. 30/03/1966 *Cie générale d'énergie radio électrique*, *Rec.* 257.

239- PAILLET (M.), *R.D. publ.*, 1993, n°4, p. 1109 : "le choix d'une thérapeutique médicale (...) n'est en rien l'apanage de la puissance publique".

B.– L'impact de la jurisprudence Bianchi

Les conséquences de cette avancée jurisprudentielle peuvent s'apprécier d'un double point de vue : au plan juridique d'une part, au plan financier d'autre part.

1. L'impact juridique

A l'instar de la jurisprudence Gomez, l'affaire Bianchi constitue une indéniable avancée pour les victimes d'un risque médical, dont la tâche se limite à fournir la preuve d'un lien de causalité entre le dommage subi et l'accomplissement de l'intervention. Pour autant, celles-ci semblent confrontées à deux nouveaux problèmes. Ainsi, il vaut mieux à l'heure actuelle se faire soigner dans un hôpital public, que dans une clinique privée. En effet, la jurisprudence administrative a rattrapé puis dépassé la jurisprudence civile. La "manoeuvre de rattrapage"(240) a été possible par l'abandon de la faute lourde au profit de "la faute de nature à ..." comme fondement de la responsabilité du service public hospitalier en matière d'actes médicaux(241). La "manoeuvre de dépassement" est le fruit des jurisprudences Gomez et Bianchi. Aussi un déséquilibre s'est installé entre secteur public et secteur privé. Depuis l'arrêt Mercier du 20 mai 1936(242), il est fait application à l'activité médicale des règles de la responsabilité contractuelle de droit commun(243). L'obligation pesant sur le médecin est une obligation de moyens et non de résultat(244). Dès lors, la responsabilité de celui-ci n'est engagée que si le patient rapporte la preuve

240- GROUTEL (H.), Le risque médical, évolution de la jurisprudence récente en droit commun et en droit administratif, *Médecine et Droit*, 1994, n°4, p. 13.

241- C.E. Ass. 10/04/1992 *M. et Mme V.*, concl. LEGAL (H.), *A.J.D.A.*, 1992, p. 355.

242- C.Cass. 20/05/1936 *Mercier*, *Gaz. Pal.*, 1936, 2, p. 4 ; *D.*, 1936, 1, p. 88, concl. MATTER, rapp. JOSSERAND, note SARRUT.

243- Articles 1147 et suivants du Code civil.

244- L'arrêt précise en ce sens que l'obligation du praticien est "sinon, bien évidemment de guérir le malade (...) du moins de lui donner des soins, non pas quelconques, (...), mais consciencieux, attentifs et, réserve faite des circonstances exceptionnelles aux données acquises de la science".

d'une faute. De la sorte deux patients, l'un du secteur public, l'autre du secteur libéral, souffrant tous deux de la même infirmité consécutive à la même intervention, n'ont pas le même avenir. La victime de l'hôpital public voit ses besoins matériels assurés, la victime de l'établissement privé doit faire face à une certaine précarité, ne bénéficiant que d'une pension mensuelle de 3 000 francs versée par la sécurité sociale(245).

En second lieu, le problème des risques sériels n'est pas réglé. En effet, l'exigence de spécialité du préjudice exclut du champ d'application de la jurisprudence Bianchi les catastrophes nationales. Le commissaire du gouvernement refuse de franchir ce pas, qui reviendrait selon lui "à confondre responsabilité et solidarité"(246). Le défaut de spécialité du préjudice subi a ainsi conduit le juge administratif à exclure l'application de la jurisprudence Bianchi aux cas de contaminations par le VIH avant l'introduction des tests de dépistage en 1985(247). En effet, à cette époque l'on estimait le nombre de personnes contaminées entre 5000 et 6000 dont 4000 à 5000 par transfusion(248). En conséquence, le risque sériel, illustré par des contaminations massives semblables à celles du SIDA ou de l'hépatite C échappe inexorablement à cette jurisprudence exclusive des "rescapés" de la médecine. Dès lors, les victimes non prises en charge par la loi du 31 décembre 1991 ne pourront bénéficier de cette jurisprudence. D'aucuns verront leur sort s'adoucir, les autres, victimes d'un risque médical, devront supporter le lourd poids de l'aléa juridique. Telle est la situation du côté juridique, mais l'impact de la jurisprudence Bianchi s'apprécie également d'un point de vue financier.

245- Situation dénoncée par Maître JULIA, La justice ne peut qu'être oeuvre de justice, op. cit., p. 943.

246- Concl. DAEL (S.), op. cit., p. 581.

247- Concl. DAEL (S.), sur C.E. Ass. 26/05/1995 *N'Guyen, Pavan et Jouan, RFD adm.* 1995, p. 748

248- Ibid. p. 758, depuis l'introduction des tests de dépistage, le risque de contamination est devenu exceptionnel, puisqu'il est évalué à 0, 003%.

2. L'impact financier

La question est simple : qui paiera? Dans certains cas, l'hôpital sur son propre budget, lorsqu'il est son propre assureur(249), dans les autres, les assureurs des établissements seront mis à contribution. Certains n'ont pas manqué de souligner les conséquences financières de l'indemnisation du risque médical(250). A l'heure actuelle, celles-ci sont couvertes par le patrimoine de l'hôpital. A titre d'exemple, de 1991 à 1994, les demandes d'indemnisation formulées à l'encontre de l'Assistance publique des hôpitaux de Paris sont passées de 175 à 247(251) pour atteindre 400 en 1996 et 432 en 1997(252). Cinq cas remplissent annuellement les conditions posées par la jurisprudence Bianchi. Il convient d'observer une augmentation du montant des indemnisations versées au titre des accidents non fautifs : 1,7 millions de francs en 1995 contre 18 millions de francs en 1997. Or, il semble difficilement acceptable que l'hôpital assume seul la charge financière du risque médical, alors qu'aucune faute ne peut lui être reprochée. Un tel régime conduit à faire peser sur l'hôpital un risque social, qu'il appartient à la collectivité nationale de prendre en charge. Au surplus, une telle charge financière se répercute sur l'importance des moyens matériels et humains des hôpitaux. Les ressources des établissements hospitaliers sont rationnées, la dotation globale constituant un plafond de dépenses. Les fonds servant à indemniser les malades sont prélevés sur les ressources consacrées à les soigner. De cette façon, selon les calculs de Monsieur Levasseur "indemniser sur le patrimoine de l'hôpital soixante-dix victimes, alors qu'aucune faute n'est reprochée à

249- Tel est le cas de l'Assistance Publique des Hôpitaux de Paris.

250- Commentaire in *A.J.D.A.*, 1993, p.353 : "La décision Bianchi (...) ne risque t-elle pas d'accroître de manière insupportable les sujétions qui pèsent sur l'administration ? " ; CONGE (E.), HOUDART (L.), L'indemnisation du risque thérapeutique ou l'audace du juge administratif, *Gestions hospitalières*, n°339, 1994, p. 625.

251- LEVASSEUR (A.), Chef du service du contentieux administratif à la direction des affaires juridiques de l'Assistance Publique des hôpitaux de Paris, Le point de vue d'une institution hospitalière : l'A.P.-H.P., indemniser ou soigner ?, in Colloque *La responsabilité médicale : de la faute au risque*, op. cit., p. 248.

252- Direction des affaires juridiques de l'AP-HP, *Données chiffrées en matière de responsabilité hospitalière*, juin 1998.

l'institution (...). C'est aussi grever le budget de l'hôpital d'au moins trente-cinq millions de francs, ce qui représente, par exemple, 160 emplois d'infirmières"[253]. D'autre part, les hôpitaux ne dépendant pas de l'Assistance publique, se trouvent confrontés à un autre problème. Trouveront-ils à l'avenir une société, qui accepte de les assurer ? En effet, lorsque les assureurs ne maîtrisent plus le risque, ils se désengagent. De plus, même en acceptant de prendre en charge ce risque, les primes d'assurance seront revues à la hausse. Aussi la jurisprudence Bianchi soulève de nombreuses difficultés dans la gestion financière des hôpitaux. Reste à savoir si le juge administratif se cantonnera aux jurisprudences Gomez et Bianchi dans son "oeuvre" d'indemnisation du risque médical.

§ 2. Gomez et Bianchi : deux visages exclusifs du risque médical ?

Les victimes d'un risque médical sont désormais susceptibles d'être indemnisées. Toutefois, le risque médical de l'arrêt Gomez n'est pas le risque médical de l'arrêt Bianchi. Il s'agit là des deux facettes distinctes d'une même réalité (A). Au surplus, le juge administratif a poursuivi son oeuvre prétorienne en reconnaissant récemment un troisième cas de mise en jeu de la responsabilité sans faute du service public hospitalier. Dès lors, la charge financière imposée aux hôpitaux par ces jurisprudences et dénoncée ci-dessus, va s'accroître sous l'effet des affaires Pavan, Jouan et N'Guyen[254] (B).

A.– Gomez et Bianchi : deux facettes du risque médical

Divergences et similitudes se dégagent de l'étude de ces deux jurisprudences.

253- Op. cit., p. 249.

254- C.E. Ass. 26/05/1995 *N'Guyen, Pavan, Jouan*, concl. DAEL (S.), *R.F.D. adm.*, 1995, p. 748.

1. Les divergences

Celles-ci s'apprécient à deux égards, quant aux conditions d'application de ces jurisprudences respectives, d'une part ; quant au degré de juridiction dont elles sont issues, d'autre part. Ces deux affaires diffèrent quant au fait dommageable. Les deux types de risque consacrés sont différents : le risque *causé* dans l'arrêt Gomez, le risque *encouru* dans l'arrêt Bianchi. Dans le premier cas, l'accomplissement de l'acte n'a pas répondu à des exigences vitales et l'on en connaissait pas ou mal les conséquences. Il s'agit ici de l'utilisation d'une thérapeutique nouvelle dont on ne pouvait apprécier les risques. L'administration a volontairement fait courir des risques au patient. Dans le second cas, l'acte médical doit présenter un risque connu. Les effets de la thérapeutique choisie en l'espèce doivent être répertoriés dans la littérature médicale.

Dès lors, une première divergence tient dans la distinction entre le *risque causé* et *le risque encouru*. De même, le champ d'application de ces deux jurisprudences semble pouvoir être distingué. L'arrêt Gomez vise uniquement le cas d'une thérapeutique, c'est à dire d'un procédé susceptible de guérir une maladie, tandis que la jurisprudence Bianchi s'intéresse également aux actes médicaux permettant au médecin de déterminer la nature d'une maladie, de la diagnostiquer. Par conséquent, il est possible de qualifier le risque de l'affaire *Gomez* de "risque *thérapeutique*", le risque de l'affaire *Bianchi*, soit de "risque *thérapeutique*" - lorsqu'est en cause un traitement - soit de "risque *diagnostique*" - lorsqu'est en cause un procédé visant à déterminer la nature d'une maladie. Aussi une seconde divergence tient dans la distinction entre le *risque diagnostique* et le *risque thérapeutique*.

La troisième opposition susceptible d'être relevée concerne la nécessité ou non de l'accomplissement du geste médical. Dans un cas, l'utilisation de la thérapeutique ne s'imposait pas pour des raisons vitales, dans l'autre l'acte médical était nécessaire au traitement ou au diagnostic. Dès lors, il convient d'opposer le *risque indispensable* au *risque superflu*.

Enfin, ces deux jurisprudences novatrices n'émanent pas du même degré de juridiction. L'arrêt Bianchi bénéficie de "l'onction" de l'Assemblée du Conseil d'Etat. La jurisprudence Gomez ne profite pas de la même légitimité. En effet, le Conseil d'Etat ne s'est jamais prononcé sur son application. Toutefois, il serait faux de penser que la jurisprudence Bianchi a fait disparaître l'intérêt de l'arrêt Gomez. Comme nous l'avons démontré, ces deux affaires présentent leurs propres caractéristiques. Il s'agit là de deux évolutions complémentaires[255]. En pratique, que le risque soit connu ou qu'il ne le soit pas, il trouvera une possibilité d'indemnisation dans l'une ou l'autre jurisprudence. Dès lors, par son arrêt Bianchi le Conseil d'Etat n'a pas entendu évincer la jurisprudence Gomez mais plutôt la compléter.

Opposées par certains côtés, ces deux jurisprudences présentent certaines similitudes.

2. Les similitudes

Ces similitudes s'apprécient à deux niveaux : en premier lieu quant aux conditions d'application de ces deux jurisprudences, en second lieu, quant à la philosophie qui les anime. La même exigence de causalité est présente dans les deux espèces. L'acte médical doit être la cause directe du préjudice subi. La victime doit établir, que le dommage qu'elle a subi est directement imputable à l'activité du service public hospitalier.

En outre, le préjudice doit être particulièrement grave et exceptionnel. Une chose est sûre, ces deux jurisprudences révèlent un état d'esprit constant chez le juge administratif, privilégiant l'indemnisation des victimes en fonction de considérations d'équité. Il est certain que la "mutilation" des Sieurs Bianchi et Gomez, absente à leur entrée à l'hôpital et flagrante à leur sortie, pouvait difficilement ne pas être prise en compte par le juge administratif. En effet, comme le déclarait le commissaire du gouvernement Jouvin à propos de dommages consécutifs à des vaccinations obligatoires "l'énoncé des circonstances qui ont entraîné le dommage provoque un sentiment de scandale et d'indignation"[256]. Et si notre esprit rationnel cherche à tout

---

255- ALBERT (N.), op. cit., p. 13 ; MOREAU (J.), *JCP*, II, 22 062.

256- Conclusions JOUVIN (B.) sur C.E. Ass. 07/03/1958 *Secrétaire d'Etat à la Santé Publique c/ Dejous*, *R.D. publ.*, 1958, p. 1087.

prix à rattacher ces deux espèces aux différents cas de responsabilité sans faute dégagés par le juge administratif, il est probable que les difficultés rencontrées dans cette quête ont pour unique origine un autre concept : celui de l'équité(257).

D'ailleurs, le juge administratif ne se contentera pas de ces deux nouveaux cas de mise en jeu de la responsabilité sans faute du service public hospitalier.

B.– L'autre facette du risque médical

Par trois décisions du 26 mai 1995(258), l'Assemblée du Conseil d'Etat s'est prononcée en faveur d'un nouveau régime de responsabilité sans faute des centres publics de transfusion sanguine. En outre, les responsabilités respectives de ces centres et des hôpitaux procédant aux transfusions ont été précisées.

1. La responsabilité des centres de transfusion sanguine : un nouveau cas de responsabilité sans faute

Au cours d'une intervention chirurgicale, les Sieurs N'Guyen, Jouan et Pavan sont transfusés. Dans les deux premières espèces, les produits sanguins sont fournis par un centre de transfusion dépendant de l'hôpital. En revanche dans le troisième cas, les produits transfusés proviennent du centre régional de transfusion sanguine de Marseille, structure associative de droit privé. Quelques mois plus tard, les trois intéressés développent une infection par le virus de l'immunodéficience humaine.

257- DUGUIT (L.), *Le mouvement social contemporain, Les transformations du droit public*, Armand Colin, 1913, Paris, p. 257 : "Le droit est la règle imposée par un sentiment d'équité et venant répondre à un besoin pratique".

258- C.E. Ass. 26/05/1995 *N'Guyen, Pavan et Jouan*, concl. DAEL (S.), *R.F.D. adm.*, 1995, p. 748 ; *A.J.D.A.*, 1995, p. 508 ; MALLOL (F.), Développements récents du contentieux administratif de la transfusion sanguine : vers la prise en charge de l'aléa thérapeutique ?, *Petites affiches*, 17/05/1996, n°60, p. 12.

La possibilité du recours à une présomption de faute[259] écartée, le commissaire du gouvernement Daël s'interroge sur l'éventuelle application d'un régime de responsabilité sans faute. Mais la jurisprudence Bianchi n'est pas satisfaisante. En effet, celle-ci aurait conduit à distinguer les victimes de transfusions réalisées avant et après 1985. Antérieurement à l'introduction des tests de dépistage en août 1985, l'une des conditions posées par la jurisprudence Bianchi - celle du "risque dont l'existence est connue mais dont la réalisation est exceptionnelle" - n'était pas satisfaite[260]. En revanche depuis la mise en pratique des tests de dépistage, le risque de contamination par transfusion est devenu exceptionnel. Toutes les conditions posées par l'arrêt Bianchi sont remplies. La transfusion de produits sanguins labiles[261] constitue un acte médical nécessaire au traitement du patient, présentant un risque dont l'existence est connue mais dont la réalisation est exceptionnelle[262], et dont aucune raison ne permet de penser que le patient y soit particulièrement exposé. Mais, dans les trois présentes espèces, seul le Sieur Jouan transfusé en 1987, aurait pu être indemnisé sur le fondement de la jurisprudence Bianchi. Par conséquent, le Conseil d'Etat vient inaugurer un nouveau cas de responsabilité sans faute applicable aux centres de transfusion sanguine :"(...) eu égard tant à la mission qui leur est confiée par la loi qu'aux risques que présente la fourniture de produits sanguins, les centres de transfusion sont responsables, même en l'absence de faute, des conséquences dommageables de la mauvaise qualité des produits fournis".

Cette décision a comme second mérite, de mettre à la charge des centres de transfusion publics une obligation de résultat similaire

---

259- Pour DAEL avec la présomption de faute "on débouche en réalité sur les effets de la responsabilité sans faute assortis d'une censure morale. Or, dans la mesure même où il est certain qu'en la matière le produit peut être vicié alors même qu'aucune faute n'a été commise, il peut paraître injuste de présumer une faute", *R.F.D. adm.*, 1995, p. 756.

260- Le rapport HURIET estimait à 5 ou 6 000 dont 4 à 5 000 par transfusion le nombre de personnes contaminées par les produits sanguins, in concl. DAEL, op. cit., p. 758.

261- En l'espèce sont en cause des produits labiles, c'est à dire des produits insusceptibles de bénéficier de la technique du chauffage.

262- Ce risque est évalué à 0, 003 %, soit trois cas pour 100 000.

à celle imposée par la Cour de cassation aux centres de transfusion privés[263]. Comme le relevait le commissaire du gouvernement Daël, le malade ne choisit pas l'origine du produit qui lui est administré, dès lors "l'opportunité au sens le plus noble du terme conduit certainement à rechercher, s'il est possible, un régime offrant des garanties à peu près équivalentes"[264] que celui institué par le juge judiciaire. Cette exclusion explicite de la faute a d'ailleurs été étendue par les deux ordres de juridiction[265] aux cas de contamination par le virus de l'hépatite C, qui toucherait à l'heure actuelle plus de 400 000 personnes[266].

Parallèlement à la reconnaissance d'un nouveau régime de responsabilité sans faute des centres de transfusion sanguine, ces décisions tranchent le problème des responsabilités respectives des centres de transfusion et des hôpitaux qui y procèdent.

2. La responsabilité des centres de transfusion et des hôpitaux

Le Conseil d'Etat vient définir les conditions dans lesquelles les hôpitaux publics peuvent être responsables des dommages causés par la contamination de produits sanguins transfusés aux malades. Pour ce faire, le juge administratif a dû résoudre un problème d'imputabilité. La responsabilité de l'hôpital aurait été engagée si l'on considérait que l'administration du produit sanguin était la cause de la contamination. En revanche, le centre de transfusion sanguine, seul, aurait dû répondre de la mauvaise qualité du produit. Finalement,

---

263- Cass. 1re civ., 12/04/1995, *Martial, Centre départemental de transfusion sanguine de l'Essonne et autres*, (2 espèces), *Bull. civ.* I, n°179 et 180.

264- Concl. DAEL, op. cit., p. 754.

265- Cass. 1re civ. 9/07/1996 *UAP c/ CRTS de Montpellier et autres*, *Bull. civ.* I, n°299 ; CA Paris 20/02/1996 *Mutuelle d'assurances et CTS du Val-de-Marne c/ Michelin, Mutuelle de la police nationale et Centre Mercure*, note VRAY (H.), *Gaz. Pal.* 1998, II, p. 29 ; T.A. Rennes 26/06/1997 *Mme R..., RHF* 1997, n°6, p. 958 ; C.A.A. Lyon 2/10/1997 *CH Joseph Imbert d'Arles c/ Mme Carlotti*, note BAS (J.A.), *Petites affiches* 8/05/1998, n°55, p. 9.

266- GROMB (S.), QUINTON (A.), De l'apport des statistiques dans les expertises de contamination post-transfusionnelle par le virus de l'hépatite C, *Médecine et Droit* 1998, n°29, p. 1.

l'Assemblée du contentieux du Conseil d'Etat a choisi cette dernière solution. Ainsi, le préjudice résultant pour un malade de sa contamination par des produits sanguins est imputable exclusivement au centre de transfusion sanguine. Ce nouveau cas de responsabilité sans faute est donc étranger au régime de la responsabilité médicale des hôpitaux. Il s'agit, en effet, d'un régime propre aux personnes publiques chargées du service public de la transfusion sanguine. Il faut toutefois préciser que dans certains cas, les centres de transfusion sanguine sont intégrés à l'hôpital ; ils constituent une même personne morale. Dès lors, la responsabilité de l'hôpital peut être recherchée en sa qualité de gestionnaire des centres de transfusion. Dans les espèces qui nous intéressent ici, la responsabilité de l'Assistance publique des Hôpitaux de Paris a ainsi été reconnue(267). Il semblait toutefois intéressant d'étudier cette jurisprudence, puisqu'elle illustre une fois encore la volonté du juge administratif de faciliter la tâche des victimes, en s'inspirant de considérations d'équité. Force est de conclure que ces différents arrêts illustrent bien le fait que "le droit est avant tout une science morale" qui "se construit en fonction d'une certaine idée de la justice"(268).

Cette première partie nous a permis d'apprécier l'évolution réalisée par la jurisprudence administrative dans la mise en jeu de la responsabilité sans faute dans un souci constant de simplifier la tâche des usagers devenus victimes du service public hospitalier. Mais bien qu'étendu ce régime de responsabilité demeure un régime d'exception.

267- L'A.P.-H.P. étant gestionnaire des centres de transfusion des groupes hospitaliers de la Pitié Salpêtrière et de Cochin, sa responsabilité a été reconnue dans les affaires N'Guyen et Jouan.

268- MALLOL (F.), op. cit., p. 17.

SECONDE PARTIE

UNE REVOLUTION TEMPEREE DANS LA MISE EN JEU DE LA RESPONSABILITE SANS FAUTE DU SERVICE PUBLIC HOSPITALIER : LE RISQUE MEDICAL, UN FONDEMENT SUBSIDIAIRE

Si l'équité commande d'indemniser le risque médical, la généralisation d'un tel système ne peut être le fruit d'une oeuvre jurisprudentielle.

Aussi, le juge administratif a pris soin d'encadrer strictement les conditions de mise en jeu de la jurisprudence Bianchi. Un point d'équilibre est pour l'instant trouvé entre les nécessités de la vie hospitalière et la volonté de protéger le plus possible l'usager du service public hospitalier.

Cependant, cette jurisprudence administrative novatrice ne trouve pas d'équivalent systématique au plan judiciaire. Dès lors seule une intervention législative, qui suppose une réelle volonté politique, pourra pallier cette distorsion choquante entre les deux ordres de juridiction. Pour l'heure, confrontée à divers freins, la reconnaissance globale du risque médical n'a toujours pas abouti (Chapitre Premier).

Dans cette attente, seul un dispositif non contentieux peut satisfaire tant le désarroi des victimes que l'institution hospitalière (Chapitre Second).

CHAPITRE PREMIER

Les freins à la prise en charge du risque médical

La route qui mène à la prise en charge totale du risque médical est parsemée d'embûches. L'Ethique s'y trouve contrebalancée par des intérêts de tous ordres, tantôt convergents, tantôt divergents. Sur ce chemin, le guide est politique.

Et il faut l'avouer, le contexte n'est guère favorable à la "dépense sans compter". L'ère de la parcimonie a débuté : prendra-t-elle fin un jour? A l'heure actuelle, les considérations financières l'emportent incontestablement sur toutes les autres. Et force est de constater l'existence d'un frein financier (Section 2). Cet écueil conditionne les attitudes du juge et du législateur.

Conciliant les impératifs de la médecine avec les besoins des victimes, le juge s'interroge aujourd'hui sur le mode du : "jusqu'où ne pas aller trop loin?". Pour sa part, le législateur multiplie les propositions et projets de texte, qui se heurtent de plein fouet au contexte. Par suite, la Morale doit céder sous les coups de butoir du politique. Comment ne pas faire état de l'existence de freins juridiques ? (Section 1).

Section 1. Les freins juridiques

La responsabilité sans faute du service public hospitalier se décline aujourd'hui sur un mode mineur. D'un côté, le juge doit conjuguer avec des victimes qui le trouvent trop timoré et des médecins qui veulent lui faire entendre raison. De l'autre, le législateur se heurte à une volonté politique à éclipses, qui ne correspond d'ailleurs pas à la simple alternance gauche-droite. Où est donc passée la volonté clairement affichée en 1993 par M. Douste-Blazy ? A cet égard, il est clair que le contexte budgétaire peut générer, suivant l'approche que l'on retient, un écueil insurmontable.

Dès lors, un régime assurant une prise en charge complète du risque médical se trouve confronté d'une part à un frein jurisprudentiel : l'encadrement strict de la responsabilité hospitalière sans faute (§1) ; d'autre part, à un frein politique évident, ce dont atteste le foisonnement de travaux législatifs sans suite (§2).

§1. Le frein jurisprudentiel : l'encadrement strict de la responsabilité hospitalière sans faute

Du considérant de principe de l'arrêt Bianchi, il est possible de déduire la rigueur des conditions posées par le juge administratif dans l'application de cette jurisprudence (A). En pratique, ce dernier reste soucieux de protéger les patients sans entraver le progrès médical, ni empiéter sur la tâche du législateur. Si cette audace jurisprudentielle constitue une avancée remarquée et remarquable dans le droit de la responsabilité administrative, force est de constater que le juge administratif a fait preuve de sagesse en encadrant son application, et par suite, en évitant tout dérapage dans l'indemnisation des accidents médicaux (B).

A.– Les conditions strictes de la jurisprudence Bianchi

Deux types de conditions sont susceptibles d'être étudiés. Les premières concernent l'acte médical à l'origine du préjudice subi. Les secondes s'intéressent au résultat de l'acte médical, à savoir le dommage subi.

1. Les conditions relatives à l'acte médical

Ces conditions sont de quatre ordres. Doit être en cause un *acte médical diagnostique* ou *thérapeutique nécessaire*. En outre, cet acte doit présenter *un risque dont l'existence est connue mais de survenue exceptionnelle.*

Intéressons-nous en premier lieu à la qualification de l'acte à l'origine du préjudice. Il s'agit d'un "acte médical". Dans ses conclusions sur l'arrêt Rouzet[(269)], le commissaire du gouvernement Fournier définit les actes médicaux comme "les actes dont l'accomplissement présente des difficultés sérieuses et requiert des connaissances spé-

---

269- C.E. Sect. 26/06/1959 *Rouzet*, *Rec.* 405.

ciales acquises au prix d'études prolongées"[270]. Dès lors, ceux-ci ne peuvent être exécutés que par un médecin, un chirurgien ou un auxiliaire médical agissant sous la surveillance et la responsabilité directe d'un médecin. Partant les actes de soins sont exclus de l'application de la jurisprudence Bianchi[271].

En outre, le Conseil d'Etat semble circonscrire cet acte médical au "*diagnostic*"[272] de la maladie ou au "*traitement*"[273] du "*malade*". De cette manière, seul le "malade" pourrait obtenir application de la jurisprudence Bianchi. Les actes médicaux, poursuivant un but étranger au diagnostic ou au traitement à l'instar des interventions de confort, semblaient échapper à ce régime favorable de responsabilité sans faute. Pour autant, la première confirmation de cette jurisprudence par la Haute juridiction fut l'occasion d'assouplir la qualification de la personne soumise à l'acte médical. Le jeune Djamal Mehraz, âgé de cinq ans, fut admis à l'hôpital Joseph Imbert d'Arles afin d'y subir une circoncision rituelle. Au cours de l'intervention pratiquée sous anesthésie générale, il succomba à un arrêt cardiaque, le plongeant pendant une année dans le coma jusqu'à son décès. En réaction au non-lieu prononcé au plan pénal, la mère de l'enfant saisit le tribunal administratif de Marseille, afin d'obtenir réparation de la part de la structure hospitalière du dommage subi par sa progéniture. Ce dernier fit partiellement droit à cette requête en lui attribuant 60 000 francs de dommages et intérêts, estimant que le décès révélait une faute dans l'organisation et le fonctionnement du service. Or, en appel et conformément à la jurisprudence traditionnelle du

---

270- Conclusions FOURNIER (J.), sur C.E. Sect. 26/06/1959 *Rouzet*, *A.J.D.A.*, 1960, p. 273.

271- Ibid.

272- Détermination de la nature d'une maladie, d'après les renseignements donnés par le malade, l'étude de ses signes et symptômes, etc..., in *Dictionnaire médical*, op. cit., p. 118. Constituent des actes de diagnostic l'artériographie des arrêts *Bianchi* et *Bureau* précités, le scanner dans l'affaire *Chassier*, l'endoscopie bronchique et la biopsie de l'affaire *Benrekta* (affaires précédemment étudiées).

273- Ensemble des moyens chimiques, physiques, biologiques et psychiques employés pour guérir, atténuer ou abréger une maladie, ibid. p. 429. Constitue un acte thérapeutique l'anesthésie de l'affaire *Prévost* précitée.

Conseil d'Etat(274), la Cour refuse de faire application de la théorie de l'anormalité du dommage à l'acte médical, qu'est l'anesthésie, et fait application en l'état de la jurisprudence Bianchi(275). Par la suite, les contestations de l'établissement hospitalier pourvu en cassation vont conduire le juge administratif à en préciser et à en assouplir les contours. La Section du contentieux va ainsi faire application de cette jurisprudence de principe à une anesthésie nécessaire au traitement du "patient", en l'espèce à une circoncision inspirée par des motifs religieux. Cette modification terminologique, qui peut paraître *a priori* anodine, est lourde de signification, puisqu'elle illustre "une nouvelle avancée du risque comme fondement de la responsabilité de l'hôpital public"(276). Deux raisons essentielles ont conduit Valérie Pécresse, commissaire du gouvernement dans cette affaire, à cette extension de l'exclusion de la faut(277).

D'abord, le refus d'appliquer à l'espèce la jurisprudence Bianchi aurait conduit à une inévitable inégalité des usagers devant le service public(278). Certains malades obtiendraient réparation, d'autres patients acceptés par l'établissement hospitalier, victimes de dommages identiques résultant de circonstances similaires, seraient déboutés. En conséquence, la structure hospitalière est tenue d'une "obligation de prestation médicale"(279)générale, qui l'a conduit à ignorer le "mobile" recherché par la personne se prêtant à un acte médical. D'autant, et c'est là le second argument de Madame Pécresse, qu'il semble particulièrement délicat d'apprécier la ligne de démarcation

---

274- C.E. 20/06/1984 *CH de Chambéry c/ Gervasoni, RHF* 1985, p. 231 ; C.E. 14/05/1986 *Hospices civils de Strasbourg c/ Rebelo, RHF* 1987, p. 70 ; C.E. 28/01/1988 *Assistance publique à Marseille c/ Ravel, RHF* 1988, p. 1025.

275- C.A.A. Lyon 12/10/1992 *Hôpital Joseph Imbert d'Arles, Rec.* 470, concl. RICHER (D.), non publiées.

276- LECOCQ (P.A.), note sous C.E. Sect. 3/11/1997 *Hôpital Joseph Imbert d'Arles, Petites affiches* 1998, n°4, p. 16 ; ALLOITEAU (S.), *Petites affiches* 1998, n°12, p. 20 ; MOREAU (J.), *JCP* 1998, II, 10 016.

277- Conclusions reproduites in *RFD. Adm.* 1998 p. 90.

278- C.E. Ass. 25/06/1948 *Soc. du journal l'Aurore, Rec.* 289, qui vient consacrer le principe d'égalité des usagers devant le service public en principe général du droit.

279- Concl. PECRESSE (V.), op. cit. p. 95 ; voir en ce sens LECOCQ (P.A.), op. cit. p. 23.

entre intervention justifiée d'un point de vue médical, et intervention de pur confort[280]. En effet, le traitement du corps pour simple convenance personnelle peut se révéler réparateur des "blessures" de l'esprit.

L'accomplissement d'un tel acte doit ensuite être rendu nécessaire. Toutefois comme le font remarquer à juste titre Michel Paillet[281] et Jacques Moreau[282], l'accomplissement inutile d'un acte médical constitue une faute. Dès lors, cette condition nous paraît superflue. Ainsi, le recours à une artériographie vertébrale, ayant fait courir au malade des risques inutiles, constituait une faute lourde de nature à engager la responsabilité du service public hospitalier[283].

En second lieu, les risques inhérents à l'accomplissement d'un tel acte doivent être connus. A la différence de la jurisprudence Gomez, le Conseil d'Etat ne s'intéresse ici qu'aux risques "répertoriés et mesurés dans la littérature médicale"[284]. Contrairement au juge administratif, Serge Daël estimait que le risque inconnu devait également être pris en charge par cette jurisprudence[285]. Comment expliquer la position du Conseil d'Etat? Celle-ci se comprend par référence à la jurisprudence Gomez, l'arrêt Bianchi la complétant. En effet, le risque imprévisible, non connu par le corps médical, est généralement la conséquence de la nouveauté d'une thérapeutique. Ainsi, la victime d'un tel risque pourra être indemnisée sur le fondement de la jurisprudence Gomez. Il reste, toutefois, un cas où "le malade" ne pourra obtenir gain de cause. En pratique, le risque inconnu d'un acte diagnostique est exclu tant de la jurisprudence Bianchi - limitée au risque connu - , que de la jurisprudence Gomez - circonscrite aux thérapeuti-

---

280- Ibid. Mme PECRESSE souligne notamment la difficile détermination de la frontière entre chirurgie esthétique et chirurgie réparatrice.

281- PAILLET (M.), *R.D. publ.*, 1993, n°4, p. 1099.

282- MOREAU (J.), *J.C.P.*, 1993, II, 2061.

283- C.E. 26/07/1985 *Centre hospitalier régional de Rennes c/ Epoux Lahier*, *Rec.* 257.

284- Conclusions DAEL, op. cit., p. 579.

285- Ib. idem, p. 580 : "le risque inconnu ne l'est guère qu'une fois, sauf lorsqu'il est dissimulé un temps à la littérature médicale, et il nous paraîtrait anormal que seules les premières victimes d'un risque exceptionnel restent sans indemnisation".

ques nouvelles -. Certains patients, victimes d'un risque diagnostique inconnu, ne pourront être indemnisés.

Au surplus, la position du Conseil d'Etat introduit une difficulté inutile en obligeant à opérer une distinction entre le risque connu et le risque inconnu. La frontière paraît en effet bien difficile à tracer. Elle suppose l'examen attentif de l'ensemble de la presse médicale et induit un nouveau renforcement du rôle des experts.

En dernier lieu, le risque connu doit également être exceptionnel. Cette notion de "risque exceptionnel" est déjà présente dans le contentieux de la responsabilité, puisqu'elle permet d'écarter l'obligation d'information du malade. Ainsi, une paralysie faisant suite à une injection d'intrarachidienne de méthiodal pour l'exécution d'une radiographie(286) et une paraplégie consécutive à une greffe vertébrale(287) constituent un risque exceptionnel. Pour apprécier la fréquence du risque, le juge administratif doit se référer aux données statistiques(288). De la sorte, l'artériographie vertébrale de l'affaire Bianchi présente un risque de survenue évalué à trois ou quatre pour dix mille. De même, l'anesthésie des affaires Hôpital Joseph Imbert d'Arles(289) et Prévost(290) présente un risque de mortalité compris entre un sur huit mille et un sur treize mille. Ces conditions relatives à l'acte médical sont complétées par d'autres liées cette fois au préjudice subi.

286- C.E. 09/01/1970 *Carteron*, *Rec.* 17.

287- C.E. 19/05/1976 *Dame Veuve Cogniera, R.D. publ.*, 1976, p. 1396 ; C.E. 28/04/1976 *Epoux Fourteau, Rec.* 222, à propos de complications médicales graves à la suite d'une implantation d'or radioactif par voie nasale ; C.E. 01/03/1989 *Gelineau, Rec.* 65, à propos d'une paralysie à la suite d'une hératite neuroparalytique consécutive à une intervention pour névralgie faciale ; C.A.A. de Lyon 07/12/1993 *Marchesi,* req. 92 LY 00759, à propos d'un glissement vertébral suite à une arthrodèse.

288- Le risque exceptionnel est pour MM. MAUGUE et TOUVET "l'effet secondaire statistiquement non significatif", *A.J.D.A.*, 1993, p. 349. Pour M. CHABANOL, il s'agit du risque affecté d'une probabilité de survenance inférieure à 5 %, *Gaz. pal.*, 1991, p. 441. Enfin, pour M. PAILLET, il s'agit d'un risque "dont la survenance est tout à fait inhabituelle au regard de l'évolution normale que connaît un patient soumis à un examen ou à un traitement médical", op. cit., p. 1103.

289- C.A.A. de Lyon 20/09/1993 *Hôpital Joseph-Imbert d'Arles c/ Consorts Mehraz*, *Rec.* 470.

290- T.A. de Lille 22/09/1994 *Cts Prévost c/ Centre hospitalier de Seclin*, *Rec.* 703.

2. Les conditions relatives au préjudice subi

Le dommage doit être sans rapport avec l'état initial du patient, ni avec l'évolution prévisible de cet état et présentait un caractère d'extrême gravité. Sont ainsi exclues toutes les prédispositions propres au patient. Aussi, la Cour administrative d'appel de Bordeaux a refusé l'application de la jurisprudence Bianchi dans un cas de décès consécutif à une anesthésie, au motif que : "l'état initial de l'enfant Bélinda était tel qu'il rendait dangereux tout acte thérapeutique ainsi que l'anesthésie elle-même"(291).

En outre, le préjudice subi par la victime, doit présenter un "caractère d'extrême gravité". En ce sens, le Conseil d'Etat réserve l'application de la jurisprudence Bianchi aux malades frappés par des séquelles gravissimes : tétraplégie pour le Sieur Bianchi, décès pour les jeunes Mehraz et Prévost. A l'inverse, certains préjudices jugés mineurs ou sérieux, sans toutefois être particulièrement graves, ne seront pas indemnisés. Ainsi pour le commissaire du gouvernement Daël "en matière de responsabilité médicale, l'effet secondaire des traitements étant le corollaire de l'efficacité, et le risque couru l'espoir commun du médecin et du malade, le degré de gravité ne peut être que très élevé"(292). Cependant, la limite de cette exigence semble difficile à établir de manière certaine(293). Et l'on peut craindre, comme le relève MM. Penneau et Causeret, "qu'elle fluctue au gré des espèces et qu'elle prenne rapidement un tour purement formel"(294). Ces diverses conditions sont cumulatives. Il suffit qu'une seule fasse défaut pour que l'application de la jurisprudence Bianchi soit écartée. Mais ces

---

291- C.A.A. de Bordeaux 12/12/1994 *M. et Mme Aidoud*, req. 92 BX 00988 : l'enfant Bélinda souffrait d'une "papillomatose laryngée très évoluée" (tumeur épithéliale multiple bénigne du larynx, qui se présente parfois sous l'aspect de verrues d'aspect villeux, le plus souvent sous celui de végétations en grappes mûriformes).

292- Concl. DAEL, op. cit., p. 579.

293- Pour M. GERMOND, le dommage "d'extrême gravité" s'entend "des victimes présentant une incapacité permanente totale justifiant l'assistance d'une tierce personne", in Les sept conditions d'indemnisation de l'aléa thérapeutique par le juge administratif, op. cit., p. 3.

294- PENNEAU (J.), CAUSERET (M.), Une nouvelle étape dans le déclin de l'exigence de la faute médicale, *Journal de Médecine Légale*, 14/02/1994, p. 360.

restrictions posées par le juge administratif dans la mise en jeu de la responsabilité sans faute du service public hospitalier se justifient.

B.– Les justifications de la sagesse du juge administratif

Par la jurisprudence Bianchi, le juge administratif a cherché un point d'équilibre entre deux impératifs contradictoires : une meilleure protection des victimes sans déresponsabilisation du corps médical. Pour autant, cette solution ne doit être que temporaire dans l'attente d'une intervention législative.

1. Eviter la déresponsabilisation du corps médical

La responsabilité médicale est à la fois le moteur et le frein de l'activité médicale. Pour certains[295], une banalisation du régime de responsabilité pour faute conduirait à l'installation d'une médecine défensive. La peur de la faute, véritable "épée de Damoclès", conduirait à décourager le corps médical, s'abstenant d'agir de peur d'être mis en cause. En revanche, la généralisation d'un régime de responsabilité pour risque libérerait le médecin de cette crainte. A l'inverse, d'autres y voient un risque de déresponsabilisation du corps médical, à l'instar de René Savatier pour qui une telle proposition "voulant être généreuse en réalité (...) vous déshumaniserait ! Précisément parce qu'elle couperait votre responsabilité sociale de votre responsabilité personnelle ! Et l'acte médical y serait traité en mécanisme (...)"[296].

Cette position semble bien excessive dans le domaine de la responsabilité hospitalière. En effet à l'heure actuelle, le médecin hospitalier engage rarement sa responsabilité personnelle. Il convient d'observer une certaine irresponsabilité de fait des agents publics et notamment des médecins hospitaliers. La responsabilité personnelle de l'agent est absorbée par celle de l'hôpital. De fait, le juge adminis-

---

295- FRAISSEX (P.), Les vicissitudes de la jurisprudence administrative en matière de responsabilité médicale, *Rev. adm.*, 1993, p. 569 ; TABUTEAU (D.), *Risques thérapeutiques et responsabilité hospitalière*, op. cit., p. 26.

296- In *Deuxième Congrès de Morale médicale*, Paris, 1966, tome II, p. 268.

tratif a développé les théories dites du cumul : cumul de faute[297] ou de responsabilité[298]. L'avantage essentiel du cumul est de permettre à la victime d'actionner à sa guise l'agent devant le juge judiciaire ou l'administration devant le juge administratif. Aussi, ce n'est que dans de rares hypothèses que le médecin se révèle comme "un homme avec ses faiblesses, ses passions, ses imprudences"[299]. Dès lors, tant dans un système de responsabilité pour faute que dans un système fondé sur le risque, c'est finalement l'hôpital qui devra prendre en charge les préjudices occasionnés. Notons toutefois que dans l'un comme dans l'autre régime, une fois la victime indemnisée, l'hôpital pourra engager contre le médecin une action récursoire[300]. Force est de conclure avec Dominique Thouvenin que "ce serait une illusion pour les médecins de croire que l'aléa thérapeutique les délivrerait de leur responsabilité"[301]. Par conséquent, parler de déresponsabilisation du corps médical semble quelque peu excessif. Et, il faut espérer que le sentiment de responsabilité du corps médical "n'est pas essentiellement issu du régime de responsabilité civile qui est le sien"[302].

La rigueur des conditions posées par la jurisprudence Bianchi trouve une seconde justification dans la volonté du juge administratif d'attendre l'intervention du législateur.

297- Lorsque le dommage a été provoqué par deux fautes distinctes : une faute de service et une faute personnelle : C.E. 03/02/19911 *Anguet, Rec.* 146. *S.*, 1991.3.137, note HAURIOU.

298- Lorsque le dommage a été provoqué par une seule faute : une faute personnelle non détachable du service (C.E. 26/07/1918 *Epx. Lemonnier, Rec.* 761. *D.*, 1918.3.9, concl. BLUM) ou une faute personnelle détachable du service mais non dépourvue de tout lien avec le service (C.E. Ass. 18/11/1949 *Dlle Mimeur, Rec.* 492, concl. GAZIER, *R.D. publ.* 1950, p. 183).

299- Définition de la faute personnelle donnée par DE LAFERRIERE dans ses conclusions sous T.C. 05/05/1877 *Laumonnier Carriol, Rec.* 437.
-Pour un exemple de faute personnelle voir C.E. 04/07/1990 *Sociétés d'assurances "le Sou médical" c/ Centre hospitalier général de Gap, Rec.* 973, à propos du refus d'un médecin de garde de se déplacer.

300- C.E. Ass. 28/07/1951 *Laruelle et Delville, Rec.* 464.

301- Les nouveaux dangers, *Impact médecin hebdo*, 22/09/1995, p. 29.

302- PENNEAU (P.), CAUSERET (M.), La faute médicale, *Journal de médecine légale*, 08/03/1993, p. 173.

2. Attendre l'intervention législative

D'aucuns se sont insurgés contre l'audace du juge administratif dans l'affaire Bianchi[303]. En ce sens, François Ewald dénonce la concurrence exercée par le juge administratif à l'égard du législateur et en conclue au "gouvernement des juges"[304]. Une telle qualification semble bien exagérée. En effet, le droit de la responsabilité est essentiellement jurisprudentiel. Aussi, le juge administratif a déjà eu l'occasion de devancer l'intervention législative. En matière d'accident du travail, la jurisprudence Cames[305] a inauguré la théorie du risque professionnel, alors que la législateur hésitait à intervenir depuis de nombreuses années. Trois ans plus tard, cette jurisprudence était relayée par la loi du 9 avril 1898[306]. Ces initiatives jurisprudentielles ne paraissent pas condamnables. Bien au contraire, elles sont l'occasion de combler un vide juridique. De nombreuses victimes resteraient sans indemnisation dans un désarroi total face aux tergiversations du législateur. Au surplus, comme le précise le commissaire du gouvernement Daël, répondant par avance aux éventuelles critiques, seule est indemnisée la fraction inacceptable du risque médical[307]. Dès lors, le champ d'intervention du législateur n'est entamé que dans une faible proportion.

Une critique peut toutefois être retenue à l'encontre de la jurisprudence Bianchi. Elle tient dans la création d'une distorsion injustifiable entre la situation des patients traités en secteur privé et celle

303- ALMERAS (J.P.), La responsabilité sans faute à l'hôpital public, *Le concours médical*, 05/06/1993, p. 1813.

304- *Le Monde*, 21/04/1993, p. 11.

305- C.E. 21/06/1895 *Cames*, *Rec.* 509, concl. ROMIEU.

306- Remplacée depuis par la loi du 30/10/1946. Deux autres lois se sont inspirées de la jurisprudence administrative pour reconnaître un régime de responsabilité pour risque : la loi du 17/04/1901 sur la réparation des dommages occasionnés par les tirs de l'armée et la loi du 03/05/1921 sur la réparation des dommages causés aux tiers par des accidents survenus dans les établissements travaillant pour la défense nationale.

307- Concl. DAEL, op. cit., p. 580.

des patients traités en secteur public[308], et ce malgré les velléités de certains jugements[309]. Par suite, il faut espérer une prochaine intervention du législateur sans pour autant condamner l'audace jurisprudentielle du juge administratif. Malheureusement, il convient d'observer depuis une quinzaine d'années un foisonnement de travaux législatifs qui demeure sans suite.

§ 2. Le frein politique : le foisonnement des travaux législatifs sans suite

Entre 1973 et 1998, plus d'une quinzaine de projets ou de propositions de loi ont été élaborés. Une telle diversité (A) illustre d'une part l'intérêt des pouvoirs publics pour le problème des accidents médicaux, d'autre part un désaccord évident sur les enjeux et les moyens de l'indemnisation des victimes d'un risque médical. Dès lors, l'éventualité d'un aboutissement du travail législatif en la matière doit être appréciée (B).

308- Voir en ce sens PENNEAU (J.) et CAUSERET (M.), Une nouvelle étape dans le déclin de l'exigence de la faute médicale, *Journal de médecine légale,* 14/02/1994, p. 360.

309- L'obligation de sécurité résultat se retrouve dans deux jugements récents du Tribunal de Grande Instance de Paris des 25 et 30 juin 1997 (TGI Paris 25/05/1997 1ère Ch. 3e sect. N° RG6135196 ; TGI Paris 30/06/1997 1ère Ch. 3e sect. N°RG5893196, note PRIEUR (S.), *Petites affiches* 1998, n°75, p. 26) rendus à l'occasion d'une part d'une paralysie crurale consécutive à une intervention pour prolapsus génital et incontinence, d'autre part d'une perforation sous endoscopie. Les magistrats parisiens affirment, dans un attendu qui rappelle inexorablement le considérant de l'arrêt Bianchi, "que si la nature du contrat qui se forme entre le chirurgien et son client met en principe à la charge du praticien une simple obligation de moyens, il est néanmoins tenu sur le fondement d'une obligation de résultat chaque fois que l'acte médical qu'il accomplit est nécessaire au diagnostic et présente un risque dont l'existence est connue mais dont la réalisation est exceptionnelle et dont aucune raison ne permet de penser que son patient y est particulièrement exposé, de réparer les dommages causés par cet acte dès lors que ces dommages sont sans rapport avec l'état initial du malade comme avec l'évolution prévisible de son état".

A.– La diversité des travaux législatifs

Ces divers travaux législatifs diffèrent par la philosophie qui les anime[(310)]. Aussi dans les années 70, les différentes propositions tendent à protéger les médecins contre la multiplication des procès entamés à leur encontre, tandis que la période allant de la fin des années 80 à nos jours marque une volonté de protection des victimes d'accidents médicaux.

1. La protection des médecins

Ce mouvement, tendant à la protection du corps médical, a été initié par le Professeur Tunc en 1966 au cours du deuxième Congrès de Morale médicale[(311)]. Ce dernier entendait ainsi étendre aux accidents médicaux le régime applicable aux accidents de la route et, indemniser automatiquement les dommages anormaux causés par l'activité médicale. Cette proposition sera d'ailleurs reprise par Jean Penneau en annexe à sa thèse[(312)] et par les propositions de loi Delhalle-Pons[(313)] et Gau[(314)]. Ces différents projets ont pour unique objet d'enrayer la multiplication des procès à l'encontre du corps médical. En pratique, ils entendent mettre en place un fonds de garantie "couvrant les accidents corporels occasionnés par la pratique médicale".

La proposition Gau, au nom du Parti socialiste et des radicaux de gauche et apparentés, prévoit de confier la gestion de ce fonds à

310- Voir l'analyse réalisée par (F.) EWALD dans son rapport *Le problème français des accidents thérapeutiques, enjeux et solutions*, La documentation française, 1992, p. 60.

311- Ordre national des médecins, *Deuxième Congrès international de Morale médicale*, 2 Tomes, Paris, 1966, 433 pages.

312- PENNEAU (J.), *Faute et erreur en matière de responsabilité médicale*, L.G.D.J., Paris, 1973.

313- *Proposition de loi tendant à créer un fonds de garantie destiné à indemniser les victimes d'accidents corporels occasionnés par une activité médicale*, n°3193, A.N., première session ordinaire 1977-1978, op. cit.

314- *Proposition de loi tendant à créer un fonds d'indemnisation des dommages occasionnés par les soins dispensés par les membres des professions de santé*, n°499, A.N., deuxième session ordinaire, op. cit.

des représentants des professions de santé, des assureurs et des usagers sous la direction d'un fonctionnaire. Celui-ci serait alimenté par une contribution à la charge des professionnels de la santé et des hôpitaux. Dans un tel système, la victime ne dispose d'aucun recours à l'encontre du médecin, elle doit obligatoire s'adresser au fonds.

La seconde proposition, présentée par Messieurs Delhalle et Pons au nom du groupe R.P.R., ne concerne que les médecins du secteur privé. Le fonds d'indemnisation est alimenté par leurs cotisations. Aucune suite ne fut donnée à ces projets qui, par certains points, sont fort critiquables. En effet, ces initiatives aboutissent en réalité à la création d'une "justice corporatiste assortie d'une façade de contrôle juridictionnel"(315). De plus, si le principe général d'indemnisation laisse subsister l'obligation de moyens, il en atténue la portée en faisant peser sur les médecins une présomption implicite de responsabilité, qui ne peut qu'accentuer le sentiment de suspicion entourant de nos jours l'activité médicale. Force est de reconnaître qu'un tel régime, qui conduit à assimiler l'accident médical à un défaut de fonctionnement du système de soins dont le professionnel de santé est en charge, ressemble à la législation sur les accidents du travail. Cette dernière fait en effet peser sur l'employeur une présomption de responsabilité, dont les cotisations financent le régime d'indemnisation.

A partir des années 80 jusqu'à nos jours, les propositions tendant à l'indemnisation des accidents médicaux vont privilégier la protection des victimes.

2. La protection des victimes

Les auteurs de ces diverses propositions sont multiples : Médiateur de la République(316), assureurs(317)ou encore association de

---

315- EWALD (F.), MARGEAT (H.), Le risque thérapeutique, *Risques,* juin 1991, p. 28.

316- Projet transformé en proposition de loi par J.M. BELORGEY, relative à la responsabilité médicale et à l'assistance aux victimes d'un accident thérapeutique, n°1866, A.N., 1ère session ordinaire, 1990-1991, op. cit.

317- Projets G.E.M.A. et A.P.S.A.D.

victimes[318]. Les parlementaires se sont fait l'écho de ces différentes initiatives, qu'il convient d'étudier avant d'en soulever les limites. Ces différentes propositions s'intéressent au sort des victimes soit pour relever l'urgence de l'indemnisation en cas d'accidents médicaux, soit pour dénoncer la situation dramatique que leur fait subir la procédure contentieuse. Au surplus, elles n'entendent pas nécessairement modifier le droit de la responsabilité. Il est cependant possible de distinguer parmi ces projets, animés par une même philosophie trois grandes catégories [319].

La première se compose des propositions Legatte[320], Belorgey[321], Lesein[322]et Millet[323], et tend à imposer au corps médical une quasi-obligation de résultat en introduisant une présomption de faute à l'encontre du médecin. Elle prévoit d'autre part qu'un fonds d'indemnisation sera chargé d'assister les victimes tant financièrement que juridiquement. En effet, les victimes désorientées par la machine judiciaire attendent souvent, en sus d'une indemnisation, une aide juridique. Toutefois, l'instauration d'une présomption de faute à l'encontre du médecin fait planer sur le corps médical "une suspicion de faute" susceptible d'encourager la pratique d'une médecine défensive.

La deuxième catégorie de propositions[324]entend modifier le droit de la responsabilité en ne prenant en compte que le résultat de l'accident médical, c'est à dire le dommage subi, peu importe qu'un acte fautif ou non fautif soit à son origine. Aussi dans ces différentes

---

318- Projet de l'A.V.I.A.M.

319- Classification opérée par M. EWALD dans son rapport précité où il oppose les projets d'obédience médiateur aux projets à base de risque thérapeutique et aux projets visant l'indemnisation des accidents non fautifs, p. 69.

320- Projet de loi relatif à la responsabilité médicale et à l'assistance aux victimes d'un accident thérapeutique.

321- Ib. idem. Projet de M. LEGATTE transformé en proposition de loi.

322- Proposition de loi relative à l'aide aux victimes d'accidents thérapeutiques, S., n°237, deuxième session extraordinaire, 1991-1992, op. cit.

323- Proposition de loi relative à l'indemnisation des victimes d'accidents thérapeutiques, A.N., n°2717, deuxième session ordinaire, 1991-1992, op. cit.

324- Elle regroupe les projets de l'A.V.I.A.M., de la sécurité sociale et la proposition de loi de Monsieur PONIATOWSKI.

propositions, le risque indemnisable est défini largement. En ce sens, dans la proposition rédigée en collaboration par l'A.V.I.A.M. et des professeurs de droit, le risque recouvre le dommage qui survient "à l'occasion d'un acte médical ou paramédical ou de l'utilisation d'un médicament, d'un produit ou d'un instrument utilisés pour ces soins" et, qui n'est pas "la conséquence de l'évolution naturelle et inéluctable de l'état de santé antérieur du patient"(325). L'indemnisation d'un tel dommage serait prise en charge par un fonds d'indemnisation. De la sorte, ces projets entendent généraliser un régime de responsabilité pour risque. Il est d'ailleurs possible d'établir un parallèle entre le "risque thérapeutique" tel qu'il est entendu par ces propositions - prise en charge de l'accident fautif et non fautif - et la législation sur les accidents du travail. Ces deux systèmes sont identiques en différents points. D'abord, ils suppriment les recours de droit commun. Ensuite, ces régimes de responsabilité se fondent uniquement sur le dommage subi. Enfin, ces législations instituent un dispositif d'assurance propre destiné à couvrir le risque. Toutefois, une critique est susceptible d'être formulée à l'encontre de ce dispositif, quant à la définition du préjudice indemnisable. Celle-ci nous semble en effet beaucoup trop large.

La troisième et dernière catégorie de propositions regroupe les projets des assureurs(326)et vise à maintenir le régime de responsabilité médicale en l'état. Seul serait indemnisé "l'aléa thérapeutique", qui correspond pour eux à l'accident non fautif. Toutefois là encore, différents griefs sont identifiables. Ainsi, le projet du G.E.M.A. prévoit que le fonds de garantie n'interviendra qu'après l'échec du recours intenté à l'encontre du médecin. Or, un tel dispositif complique et allonge inutilement les démarches des victimes.

Au final, force est de conclure que les propositions ne manquent pas, et que, face à une telle diversité, l'éventualité d'un aboutissement du travail législatif reste en suspens.

325- Article 3 de la proposition de l'A.V.I.A.M.

326- Projets du Groupement des sociétés d'assurances à caractère mutuel (G.E.M.A.) et de l'Assemblée plénière des sociétés d'assurances dommages (A.P.S.A.D.).

B.– L'éventualité d'un aboutissement du travail législatif

Si un tel aboutissement semble envisageable, par certains points, une loi sur l'indemnisation du risque médical n'apparaît que pure utopie.

1. Une réalité

La volonté politique annoncée et l'accord des différents protagonistes laissent présager de l'éventualité d'une intervention législative en la matière. Depuis 1993, les gouvernements successifs, quelle que soit leur couleur politique, se sont prononcés en faveur de l'indemnisation du risque médical. Ainsi, le 17 mars 1993, dans une communication en Conseil des ministres, Monsieur Kouchner expliquait que l'objectif de son dispositif est "d'indemniser toute personne victime d'un accident médical grave dont les conséquences sont disproportionnées aux effets probables de l'acte médical ou à l'évolution prévisible de la maladie"(327). Inspiré du rapport Ewald(328), ce projet réaffirme l'obligation de moyens des praticiens. Afin d'éviter toutes poursuites, le dispositif prévoit la création d'un comité d'expertise et de médiation indépendant. Mais le moyen susceptible d'assurer le financement d'une telle indemnisation, à savoir le recours à la cotisation sociale dans le régime obligatoire d'assurance maladie ou au contrat d'assurance personnelle, demeure en suspens. A sa suite, Monsieur Douste-Blazy, ministre délégué à la santé propose l'adoption d'une loi sur l'aléa thérapeutique "c'est à dire sur les éventuels dommages causés par un geste, diagnostique ou thérapeutique, sans qu'il y ait faute du personnel soignant"(329). Un fonds d'indemnisation alimenté par les contributions des professionnels, des établissements de santé publics ou privés et des assurés sociaux serait mis en place. Confirmant cette volonté politique d'un aboutissement rapide du lé-

---

327- TABUTEAU (D.), *Risque thérapeutique et responsabilité hospitalière*, op. cit., p. 33.

328- Op. cit.

329- NOUCHI (F.), Un entretien avec le ministre délégué à la santé, *Le Monde*, 10/05/1993, p. 10.

gislateur en ce domaine, Simone Veil, alors ministre des affaires sociales, affirmait le 23 décembre 1993 qu'une réforme du mode d'indemnisation des accidents médicaux était actuellement en préparation[330]. Plus récemment, Martine Aubry a réaffirmé à plusieurs reprises que ses services travaillaient à "définir un cadre juridique d'ensemble pour la prise en charge du risque médical"[331].

L'accord des divers protagonistes - assureurs, associations de victimes, médecins, hommes politiques - sur certaines questions constitue un second facteur susceptible d'accélérer l'intervention législative. De la sorte, certains éléments fédérateurs transparaissent de l'ensemble des projets. En premier lieu, l'information des malades et la recherche d'une voie non contentieuse pour régler les conflits patient/médecin par le biais de la conciliation, sont présentes dans toutes les propositions à titre principal ou accessoire. De même, est limitée l'étendue de l'indemnisation des accidents médicaux aux conséquences *anormalement* graves par rapport à la maladie traitée et à l'état antérieur du patient. Pour autant, cet accord partiel ne doit pas cacher l'importance des divergences en la matière.

2. Une fiction

L'espoir d'une loi sur l'indemnisation du risque médical devient pure rêverie lorsqu'il se retrouve en prise directe aux divergences des protagonistes sur le mécanisme de l'indemnisation, et à une volonté politique qui se révèle finalement absente. Un débat oppose deux systèmes d'indemnisation : l'assurance personnelle du patient d'un côté, au fonds d'indemnisation de l'autre. De plus, différentes questions demeurent sans réponse. Il conviendra ainsi de s'accorder sur la définition du préjudice indemnisable et sur son origine. En effet, si les propositions des différents ministres successifs semblent se limiter à l'indemnisation de l'accident médical non fautif, certaines

330- Réponse écrite de Mme VEIL à la question de M. LANDRAIN, J.O., 27/12/1993.

331- JO déb. AN 1998, p. 305, à propos du problème posé par la diffusion de l'hépatite C ; p. 699, à propos des conséquences négatives de certaines vaccinations contre l'hépatite B ; p. 1051, à propos plus généralement "des accidents thérapeutiques".

propositions émises par les parlementaires entendent indemniser "toute aggravation anormale de l'état de santé antérieur d'un malade (...) résultant soit d'une faute médicale ou dans l'organisation du service de soins, soit de conséquences inexplicables et inconnues"[(332)]. D'ailleurs, même si l'on s'accorde pour indemniser le risque médical exceptionnel, de nombreuses difficultés d'interprétation apparaîtront avec comme conséquence une multiplication des procès. La détermination du risque indemnisable ne lèvera pas tous les obstacles à l'indemnisation. Devant de telles difficultés, les politiques semblent sinon avoir abandonné, à tout le moins mis en veilleuse leurs projets. Les reculades des gouvernements successifs en sont la preuve. Edouard Balladur décide en septembre 1994 de différer la réforme pour mieux en apprécier les conséquences juridiques et financières[(333)]. Dans un sens identique, le gouvernement Juppé I repousse le projet. Elisabeth Hubert, lors de son audition devant la Commission des affaires culturelles familiales et sociales de l'Assemblée nationale déclare que "les retards dans l'élaboration du projet de loi sur l'aléa thérapeutique sont liés à la peur que son adoption n'induise une certaine permissivité médicale et aux problèmes de définition que pose cette notion au regard d'un certain nombre d'actes"[(334)]. Force est dès lors de constater que les politiques butent sur deux problèmes essentiels. Le premier tient dans la définition du "risque" et/ou "aléa" "thérapeutique" et/ou "médical", dont nous avons soulevé les difficultés au début de l'étude. Toutefois le problème essentiel est pour eux davantage un problème de coût qu'un problème de définition. Il semble en effet que les restrictions budgétaires - maître mot d'une politique à la mode - réduisent pour l'instant tout espoir d'un prochain texte législatif en la matière. Aussi convient-il de nous pencher dès à présent sur l'étendue de ce frein financier.

332- Proposition de loi tendant à créer un fonds d'indemnisation des victimes du risque médical, n° 1027, A.N., première session, 1993-1994, op. cit.

333- BEZAT (J.M.), Accidents médicaux : Balladur préfère différer la réforme, *Les Echos*, 28/09/1994, p. 1 et 6.

334- Compte-rendu n°7, Commission des affaires culturelles familiales et sociales, A.N., Présidence de Bruno BOURG BROC.

Section 2. Le frein financier

Le frein financier constitue sans doute l'écueil le plus délicat à franchir. A cet égard, il est clair que la conjoncture de fin de siècle est aux économies drastiques, et en particulier à la réduction des déficits budgétaires. Dès lors, tout système qui viendrait grever trop lourdement les finances publiques est jugé par suite incompatible, voire anachronique. On le voit, les enjeux financiers de la prise en charge du risque médical (§1) sont on ne peut plus délicats à gérer.

Différents systèmes existent avec leurs qualités et leurs défauts. On peut synthétiquement les regrouper selon qu'ils privilégient les intérêts humains ou économiques. Par suite, il nous faudra répertorier les modalités de prise en charge du risque médical (§2).

§1. Les enjeux financiers de la prise en charge du risque médical

Les assureurs sont les plus à même d'estimer les conséquences financières de l'indemnisation de l'accident médical non fautif. En effet, ceux-ci indemnisent les accidents médicaux fautifs et partant, disposent des dossiers de refus d'indemnisation en l'absence de faute. Une telle évaluation constitue la première étape nécessaire et préalable au choix du mécanisme d'indemnisation (A). En outre, l'estimation du coût d'un tel dispositif permet de comprendre les limites de l'assurance actuelle du risque médical (B).

A.– L'évaluation du coût de l'indemnisation du risque médical

Les résultats des compagnies d'assurance, qui ont procédé à l'évaluation du coût de l'indemnisation du risque médical, se recoupent. Aussi, nous nous intéresserons en premier lieu à l'estimation effectuée par la S.H.A.M., principal assureur des hôpitaux publics[335]. Puis pour vérifier les chiffres avancés par cette société, il conviendra de les comparer avec les estimations des autres assureurs.

335- La S.H.A.M. assure en nombre de lits la moitié des hôpitaux publics non compris les établissements de l'Assistance publique des hôpitaux de Paris qui sont leur propre assureur.

1. L'évaluation par le principal assureur des hôpitaux public: la S.H.A.M.

Dans une étude publiée en 1990[336], Hervé Révillon, président de la S.H.A.M., examine sur la période 1977-1986 le nombre d'accidents médicaux non indemnisés pour absence de faute prouvée, puis en estime le préjudice indemnisable. Au cours de ces dix années, la société a connu de 15 000 dossiers dont 3 500 concernaient des accidents médicaux fautifs ou non[337]. Parmi ceux-ci, seuls 850 pouvaient être indemnisés sur le fondement de la responsabilité pour faute. Les 2650 autres cas n'ayant pas donné lieu à indemnisation comprenaient pour 25% des accidents médicaux sans séquelles, pour 37,5% des accidents médicaux n'ayant fait l'objet d'aucune réclamation, enfin pour les 37,5% restant des accidents sans faute[338].

Les 1 003 réclamations rejetées pour absence de faute représentaient 575 millions de francs contre 479 millions pour les 850 accidents médicaux fautifs. Aussi, cette évaluation fait apparaître un doublement des indemnités à verser. Au surplus, il convient d'observer que certains malades, ne pouvant démontrer l'existence d'une faute, et sachant par avance qu'ils ne seraient pas indemnisés, n'ont par conséquent pas exercé de réclamations. En revanche, ceux-ci n'hésiteraient pas à engager une procédure, si un système d'indemnisation automatique existait. L'on pourrait donc s'attendre à un nouveau doublement du nombre des indemnisations, en fin de compte multiplié par quatre. Du reste, la Suède qui possède depuis 1975 un tel système d'indemnisation a vu le nombre de demandes doublé en dix ans. Finalement, le coût d'indemnisation des accidents non fautifs sont éva-

---

336- Un essai d'estimation du coût de l'indemnisation de l'aléa thérapeutique, Colloque *L'indemnisation de l'aléa thérapeutique, utopies et réalités en France et en Europe*, 30/03/1990, Lyon, p. 59.

337- GERMOND (M.), L'indemnisation de l'aléa thérapeutique par les compagnies d'assurances, *in L'indemnisation de l'aléa thérapeutique*, Sirey, 1994, p. 69.

338- Soit 1 003 accidents médicaux non fautifs : -48, 85 % en obstétrique;
-53,40 % en chirurgie;
-58,65 % en médecine.

lués dans ce rapport à deux milliards de francs. D'autres assureurs ont procédé à la même estimation.

2. L'évaluation des autres assureurs : la F.F.S.A. et le G.E.M.A.[339]

Pour ce faire, les assureurs de la F.F.S.A. prennent en compte uniquement les incapacités permanentes partielles conservées par la victime et supérieures ou égales à 50%[340]. Par référence aux données statistiques disponibles pour l'année 1989, la Compagnie évalue entre 1 000 et 1 200 décès, et 350 cas d'incapacité permanente partielle supérieure ou égale à 50% pour un montant total égal à 900 millions de francs. Toutefois, ce chiffre ne prend pas en compte les risques d'augmentation des réclamations liés à la mise en place d'un système généralisé d'indemnisation du risque médical. De plus, ce montant doit être relativisé puisque les compagnies d'assurances exerçant une action subrogatoire contre le responsable de l'accident pourront récupérer certaines sommes. Le G.E.M.A., quant à lui, propose des ordres de grandeur à peu près équivalents aux estimations de la S.H.A.M.. Les accidents non fautifs seraient trois fois plus nombreux que les accidents fautifs et leur prise en charge induirait un quadruplement des indemnités à verser.

La mise en place d'un tel système d'indemnisation s'élèverait donc à deux milliards de francs tous organismes d'assurances confondus [341]. Il faut cependant mentionner que les écarts constatés entre ces différentes évaluations s'expliquent par le niveau de dommages pris en compte. Le G.E.M.A. retient un seuil de 50% d'I.P.P. tandis que la F.F.S.A. et la S.H.A.M. fondent leur calcul sur 10% d'I.P.P.

339- Fédération française des sociétés d'assurance et Groupement des sociétés d'assurances à caractère mutuel.

340- Les données utilisées par ces assureurs sont issues d'un fichier Responsabilité civile médicale de l'A.P.S.A.D. (Assemblée plénière des sociétés d'assurances dommages) et des statistiques INSERM sur les causes des décès.

341- Voir en ce sens les propos du Docteur POULETTY, Président du Sou Médical, in Assurance de l'accident thérapeutique : des solutions en vue, *Décision Santé*, 15/01/1993, p. 32.

L'on peut conclure que le coût de l'indemnisation du risque médical varie entre un et deux milliards de francs. Une telle évaluation nous permet de comprendre les limites du système actuel de prise en charge du risque médical.

B.– Les limites de l'assurance actuelle du risque médical

Actuellement, deux assureurs sont amenés à couvrir le risque médical : la sécurité sociale et l'assureur de l'hôpital lorsque celui-ci n'est pas son propre assureur. Toutefois, ces deux dispositifs ne pourront assumer seuls une telle charge en cas de généralisation du système d'indemnisation des accidents non fautifs. En effet, l'assurance invalidité apparaît limitée, tandis qu'une telle prise en charge menace l'assurabilité des hôpitaux.

1. L'assurance invalidité limitée

La sécurité sociale couvre à l'heure actuelle de deux manières le risque médical. Elle paie les soins occasionnés par l'état des patients. De la sorte, si les victimes d'un accident médical ont besoin de séances de kinésithérapie, elles sont remboursées par la sécurité sociale. Par le biais de l'assurance invalidité elle assure à chacun un minimum calculé sur sa capacité de travail(342). En conséquence, en matière d'accidents médicaux la sécurité sociale intervient à deux titres, en prenant en charge les traitements supplémentaires liés aux complications d'une part, en offrant une rente d'invalidité dans les cas les plus graves d'autre part. Ce qui fait dire au Docteur Lefranc, médecin conseil et chef de service à la Caisse primaire d'assurance maladie de Calais que "la sécurité sociale est là pour pallier les erreurs des médecins, les accidents médicaux" dès lors qu'elle est l'assureur "panacée"(343). Toutefois, force est de reconnaître que l'indemnité ver-

342- Il faut toutefois noter, que l'assurance invalidité est attribuée dans des conditions restrictives, voir DUPEYROUX (J.J.), *Droit de la sécurité sociale*, Dalloz, 1988, p. 413.

343- Entretien réalisé le 13/10/1995 à la C.P.A.M. de Calais.

sée par la sécurité sociale au titre de l'assurance invalidité est relativement faible[344].

Or, le "patient mutilé" a bien davantage de besoins qu'antérieurement à son intervention. Ainsi, les parents du jeune Gomez ont dû adapté leur logement au handicap de leur fils, et le Sieur Bianchi a aujourd'hui constamment besoin d'une tierce personne auprès de lui. Dans ces conditions, contrairement à ce que certains pensent[345], il semble difficile de faire reposer un tel poids sur le dispositif de la sécurité sociale. Cela supposerait en effet, sa transformation "mieux sa révolution"[346]. Pour cela, il faudrait relever le niveau de la protection offerte, et en conséquence augmenter le montant de l'assurance invalidité. Cependant, sauf à aggraver encore son déficit, le recours à un tel dispositif nous paraît exclu. La sécurité sociale ne sera pas "la mégamachine de l'indemnisation"[347] des accidents médicaux, ni d'ailleurs les assureurs des hôpitaux.

2. L'assurabilité des hôpitaux menacée

Deux facteurs menacent l'assurabilité des hôpitaux. Si le premier est quantifiable, le second demeure incertain. L'étude de la sinistralité hospitalière reflète une aggravation sensible au cours de ces trois dernières années. A cet égard, la S.H.A.M. a pu enregistrer une évolution significative[348]. Ainsi, alors que le nombre de réclamations formulées à la suite de dommages corporels était relativement stable entre 1985 et 1991[349] - soit une augmentation de 10% en sept ans -

---

344- 3 000 francs par mois pour un jeune homme, P. BOUDY, devenu paraplégique après une intervention. Exemple cité par Maître JULIA, La justice ne peut être oeuvre de justice, op. cit., p. 242.

345- Pour M. CHABANOL "il y a déjà un assureur (la sécurité sociale) et bien demandons lui d'assurer un petit peu plus", Le financement de l'indemnisation de l'aléa thérapeutique et ses modalités, Colloque S.H.A.M., op. cit., p. 88.

346- EWALD (F.), *Le problème français des accidents thérapeutiques, enjeux et solutions*, op. cit., p. 59.

347- Ib. idem.

348- GERMOND (M.) , L'évolution de la responsabilité hospitalière, Colloque *S'inquiéter ... ou être responsable*, Institut Gernez-Rieux, Lille, 09/11/1995.

349- 858 en 1985 contre 886 en 1991.

l'augmentation a été de 50% de 1992 à 1994(350). Corrélativement, le coût moyen d'un dossier corporel, qui était de l'ordre de 86 000 francs en 1985, est passé à 221 000 francs en 1994. Le second facteur, menaçant l'assurabilité des hôpitaux, et qui nous intéresse au premier chef en l'espèce, tient dans l'impossibilité de définir de manière précise le risque médical. De fait, ce dernier présente actuellement des contours flous qui ne permettent pas d'apprécier l'étendue exacte des engagements à couvrir(351). Or, le propre de l'assurance est la maîtrise de l'engagement. Par conséquent, avec le risque médical l'incertitude prédomine(352). De nombreux assureurs craignent d'être tenus au delà de leurs contrats. Aussi, augmentent-ils leurs tarifs ou procèdent-ils purement et simplement à la résiliation de ceux-ci. Malgré un coût finalement peu excessif, la généralisation de l'indemnisation des accidents médicaux ne peut reposer uniquement sur les dispositifs actuels de prise en charge du risque médical. Dès lors, il convient d'analyser les autres mécanismes susceptibles d'être mis en place.

§2. Les modalités de prise en charge du risque médical

Si le coût d'une telle prise ne paraît pas énorme, qui le supportera? En effet, le seul véritable problème en la matière est un problème de financement. Ici, deux grandes tendances s'opposent. D'aucuns(353) entendent mettre en place un fonds d'indemnisation (A). D'autres(354)se prononcent en faveur d'une prise en charge individuelle du risque médical par le biais d'une assurance obligatoire des foyers gérée par les sociétés d'assurance (B).

350- 1 085 en 1992 contre 1251 en 1994.

351- La gestion des risques, clé de l'assurabilité des établissement de santé, *R.H.F.*, n° 2, 1996, p. 176.

352- Pour N. GOBAULT, juriste au Sou médical : "La responsabilité médicale fait peur, on ne sait plus où on va", in Les assureurs face au risque thérapeutique, *Décision Santé*, n° 78, mai 1995, p. 7.

353- Solution préconisée par le G.E.M.A.

354- Solution préconisée par la F.F.S.A.

A.– La prise en charge collective du risque médical : le fonds d'indemnisation

L'institution d'un fonds de garantie suppose d'abord un engagement financier de la puissance publique, puis la délimitation de son intervention.

1. L'engagement financier de la puissance publique

Il convient d'apprécier le fondement d'une prise en charge collective du risque médical pour en soulever ensuite les avantages et les inconvénients. Un tel régime d'indemnisation repose sur la solidarité nationale(355), qui impose aux pouvoirs publics un devoir d'intervention. Ainsi, l'indemnisation des dommages de la première guerre mondiale trouvait déjà, selon certains juristes, son origine dans ce concept(356). Il faut toutefois attendre le Préambule de la Constitution de 1946 pour le voir consacré(357). De multiples fonds procédant de cette philosophie ont ainsi vu le jour depuis quelques années. Les victimes de calamités publiques(358), du terrorisme(359) ou encore d'une contamination par le virus d'immunodéficience humaine(360), ont pu bénéficier d'un tel dispositif. Par conséquent, l'idée du fonds de garantie implique l'assimilation du risque médical à un risque social. Selon cette conception, la médecine aurait une fonction sociale dont les progrès, profitables à tous, se solderaient par des échecs, qui de-

---

355- Voir en ce sens PONTIER (J.M.), De la solidarité nationale, *R.D. publ.*, 1983, p. 899 et du même auteur La prise en charge collective de l'aléa thérapeutique, l'Etat et les fonds de garantie, in *L'indemnisation de l'aléa thérapeutique*, op. cit., p. 73.

356- CARRE DE MALBERG (R.), *Du fondement du droit à la réparation intégrale pour les victimes de dommages de guerre*, publication du C.N.A.R.I.G., juin 1955, p. 13.

357- "La nation proclame la solidarité et l'égalité de tous les Français devant les charges qui résultent des calamités nationales".

358- MARGEAT (H.), Les calamités publiques, *Gaz. pal.*, 23/01/1983, p. 79.

359- RENOUX (T.), *L'indemnisation publique des victimes d'attentats*, Economica, P.U.A.M., 1988.

360- Loi du 31/12/1991, J.O. 04/01/1992, p. 178.

vraient être pris en charge par l'ensemble de la société[361]. Le Groupement des sociétés d'assurances à caractère mutuel préconise une telle solution. Le fonds, géré conjointement par des représentants des consommateurs, des médecins et des assureurs, serait alimenté par la Contribution sociale généralisée ou encore par une majoration des droits de consommation sur les tabacs et alcools[362]. Cette proposition prévoit en outre que le fonds devrait réparer l'intégralité du préjudice corporel. Seraient par conséquent exclus les dommages matériels éventuels, ainsi que les préjudices légers entraînant une incapacité permanente partielle inférieure à 10%. Il faut toutefois préciser que l'intervention de l'Etat dans l'indemnisation du risque médical sera supplétive : celle-ci n'interviendra que lorsque les autres mécanismes de réparation n'auront pas pu jouer. L'institution d'un fonds de garantie présente de nombreux avantages. D'abord, il permet la prise en compte des plus démunis qui n'ont pas accès à l'assurance. Ensuite, contrairement à l'assurance personnelle, le fonds rend possible une prise en charge rétroactive des incidents. Toutefois, deux critiques sont adressées au mécanisme. Certains voient dans la multiplication des fonds une source de gaspillages voire d'inégalités. D'autres s'insurgent contre la mutation de la "solidarité nationale" en "solidarité sociale", qui ouvre la voie à la réparation illimitée de n'importe quel dommage[363]. Et même si les politiques s'accordent sur la mise en place d'un tel dispositif, le fonctionnement de ce fonds donnera lieu à de nombreuses interrogations.

2. La détermination du fonctionnement du fonds

Les questions soulevées par le fonctionnement du fonds concernent deux domaines. En premier lieu, il conviendra de définir la

---

361- EWALD (F.), MARGEAT (H.), Le risque thérapeutique, *Risques*, juin 1991, p. 33.

362- A titre d'exemple, une augmentation de 0,03% du taux de la C.S.G. serait nécessaire pour dégager un milliard de francs. Cf. ETOURNEAU (C.), Les assureurs face au risque thérapeutique, *Décision santé*, n°78, 1995, p. 9.

363- PONTIER (J.M.), La prise en charge collective de l'aléa thérapeutique, l'Etat et les fonds de garantie, op. cit., p. 75.

procédure à suivre devant le fonds. Il est dès à présent possible de distinguer deux phases. La procédure débutera par la demande de la victime, demande qu'il faudra dans un second temps instruire. Or, divers points devront être précisés pour chacune de ces phases. Il y a lieu notamment de déterminer qui d'autres que la victime pourra saisir le fonds et ce qui devra être prouvé. De même, l'institution d'un fonds d'indemnisation suppose que soient définis les recours exercés par lui ou contre lui. En effet, il est impossible d'exclure tout recours de la victime contre le fonds, ce qui suppose la détermination de la juridiction compétente pour en connaître[(364)]. De plus, devront être précisées les hypothèses d'ouverture de ces recours. Le législateur devra également se prononcer sur les recours pouvant être intentés par la victime parallèlement à la saisine du fonds. Aussi le choix d'une prise en charge collective du risque médical ne résout pas tous les problèmes.

Le second dispositif susceptible d'être mis en place suppose une prise en charge individuelle du risque médical.

B.– La prise en charge individuelle du risque médical : l'assurance patient

A l'exemple des modèles suédois et finlandais, certains assureurs français se prononcent en faveur d'une prise en charge individuelle du risque médical.

1. La proposition française

La Fédération française des sociétés d'assurances entend "responsabiliser le patient"[(365)], si ce dernier veut être protégé, il doit s'assurer. Pour justifier sa position, la Fédération invoque un sondage réalisé par la SOFRES, qui révèle que 80% des français se prononcent

---

364- Ainsi, la loi du 31/12/1991 confère à la Cour d'appel de Paris compétence pour connaître des recours exercés contre les décisions du fonds d'indemnisation des personnes contaminées par le virus de l'immunodéficience humaine.

365- ETOURNEAU (C.), Les assureurs face au risque thérapeutique, op. cit., p. 9.

en faveur de l'assurance individuelle[366]. Cette dernière pourrait ainsi être associée à un contrat de grande diffusion tel que la police "Multirisques Habitation", qui concerne environ vingt millions de foyers.

Dans un tel dispositif, l'indemnisation de la victime serait automatique et, l'assureur pourrait se retourner contre le médecin ou l'établissement en cas de faute de ce dernier. Selon les estimations des spécialistes, les cotisations annuelles seraient comprises entre dix et cinquante francs par personne et par an. Et le montant de ce chiffre pourrait varier en fonction du seuil d'invalidité retenu et de l'éventuel plafonnement des indemnisations[367]. Différents assureurs proposent déjà une police spéciale pour la couverture de l'accident médical. Ainsi, la Compagnie Yorkshire offre depuis 1981 une police d'assurance intitulée "Prisme". Son champ d'application s'étend aux accidents chirurgicaux, ainsi qu'aux actes pré et post opératoires réalisés par un médecin, un chirurgien ou un auxiliaire médical et donnant lieu à un remboursement pris en charge par la sécurité sociale[368]. De même, l'U.A.P. propose depuis 1988 la garantie "sécurité chirurgicale". L'organisme s'engage même en l'absence de faute médicale et en cas d'accident chirurgical à réparer les préjudices subis à concurrence de 1.549.000 francs[369].

Ces initiatives prouvent qu'il est possible d'assurer l'accident médical. Toutefois, elles ne sont pas exempts d'inconvénients. Ainsi, elles ne couvrent que ceux qui y adhérent. L'assurance personnelle laisserait aussi de côté les plus démunis. De plus, il est permis de s'interroger sur le sort des victimes dont le préjudice se situera au

366- Sondage réalisé par la revue Risques du 17 au 18/11/1992 sur 1 076 individus âgés de 18 ans et plus interrogés par vidéo questionnaire télé bus.

367- MARGEAT (H.), Une évaluation du coût de l'assurance du risque thérapeutique, *Risques,* juin 1991, p. 41.

368- *Trois garanties sont proposées au souscripteur :*
-250 000 francs pour une cotisation de 250 francs ;
-350 000 francs pour une cotisation de 350 francs ;
-500 000 francs pour une cotisation de 500 francs, in *Le risque thérapeutique*, Risques, op. cit., p. 29.

369- UAP, Fascicule Réponse Santé Essentiel, p. 4.

dessous du seuil d'intervention. Malgré ces griefs, la Suède et la Finlande se sont ralliées à cette conception.

2. Le modèle suédois

La Suède en 1975 et la Finlande en 1986 ont mis en place "un système d'indemnisation d'assurance-patient" du risque médical. "Le Protocole suédois d'assurance de responsabilité envers les patients"[370] a pour objet l'indemnisation amiable du dommage découlant d'un accident médical. Aussi, ce dispositif ne s'intéresse pas à l'origine du dommage mais au résultat, c'est à dire au préjudice subi. Toutefois, cette assurance-patient n'indemnise pas tous les dommages consécutifs à l'accomplissement d'un acte médical. Les conséquences inévitables de l'évolution d'une maladie ou de son traitement ne sont pas indemnisées.

Par conséquent, entrent dans le champ d'application de ce dispositif les dommages, qui auraient pu être évités par l'emploi d'une méthode moins risquée ou par l'emploi d'un traitement plus approprié[371]. Dès lors, seules sont indemnisables les complications dues à un traitement qui n'est pas justifié comme étant le plus efficace du point de vue médical. Pour apprécier l'opportunité d'appliquer tel traitement plutôt qu'un autre, il convient de comparer la thérapie utilisée avec celle définie dans des protocoles standards établis par des autorités médicales. Le montant de l'indemnisation varie suivant le degré d'invalidité médicale. Ainsi, les incapacités de travail inférieures à 50% pendant moins de trente jours, l'hospitalisation inférieure à dix jours et les petites invalidités ne seront pas indemnisées[372]. Par conséquent, environ 42% des réclamations annuelles sont rejetés. La cotisation annuelle par habitant est de l'ordre de 14 francs et le coût moyen de l'indemnité allouée correspond à 45 000 francs en moyenne par personne lésée. Finalement, un tel système se contente de garantir

---

370- Pour un commentaire de ce Protocole, voir OLDERTZ (C.), Le système suédois, colloque S.H.A.M., op. cit., p. 23.

371- Un tel dispositif correspond en France au concept de "perte de chance".

372- Voir en ce sens le rapport EWALD, chapitre relatif aux solutions européennes, op. cit., p. 83.

aux patients le bénéfice du meilleur traitement possible. Toutes les complications consécutives au traitement le plus approprié ne seront pas prises en considération, ce qui constitue la principale limite du système suédois. Depuis la loi du 25 juillet 1986, la Finlande dispose d'un régime d'indemnisation comparable pour les dommages causés par un service médical ou à l'occasion d'une recherche biomédicale. De même, le Danemark a adopté un tel système en juillet 1992. Pour autant en France, les acteurs du risque médical sont tous dans l'attente d'une intervention du législateur. Malheureusement, celui-ci demeure perplexe quant au choix du dispositif d'indemnisation. Face à ces tergiversations, des mécanismes non contentieux de prise en charge du risque médical ont été expérimentés.

CHAPITRE SECOND

Un palliatif nécessaire : la prise en charge non contentieuse du risque médical

La voie contentieuse ne satisfait ni la victime d'un risque médical, confrontée à la lenteur et à l'instabilité de la "machine judiciaire", ni l'hôpital qui voit sa réputation mise en cause.

Dès lors, une voie médiane doit être trouvée pour éviter le procès. Ce souhait est d'ailleurs exprimé par André Damien, Président de la Fédération Hospitalière de France : "Lorsque le malade se plaint d'avoir été victime d'un aléa thérapeutique, les solutions de conciliation sont susceptibles de lui apporter un éclairement et de diminuer son irritation au profit d'une vue plus saine de ce qui lui est advenu"[(373)].

Pour ce faire, un double effort est à accomplir par les établissements hospitaliers. Ces derniers doivent gérer le risque antérieurement et postérieurement à sa survenue. *A priori*, l'information des acteurs de la relation médicale doit être organisée (Section 1). *A posteriori*, la conciliation doit se substituer dans la plupart des différends au procès (Section 2).

Section 1. L'information des acteurs de la relation médicale *a priori*

Les acteurs de la relation médicale - patient, médecin - ne doivent pas attendre la survenue du risque médical pour s'en inquiéter. Il est impérieux que chaque intervenant acquière différentes connaissances lui permettant d'y faire face le plus sereinement possible. Dès lors, la diffusion d'une pédagogie du risque médical par l'information du corps médical (§1) et des patients (§2) constitue le coeur de la prise en charge non contentieuse de ce nouveau concept.

373- DAMIEN (A.), Le progrès médical et l'évolution de la responsabilité médicale, *RHF*, n°3, 1990, p. 245.

§ 1. L'information du corps médical

La survenue d'un accident médical induit un violent conflit d'intérêts entre le malade devenu victime, l'hôpital et ses agents. En conséquence, il faut s'y préparer, ne pas redouter sa responsabilité mais l'accepter. De plus, l'activité médicale est une activité risquée. Etre responsable (A) et être conscient des risques inhérents à l'activité médicale (B), voilà les deux impératifs, qui doivent aujourd'hui s'imposer au corps médical.

A.– Un corps médical responsable

Nul n'est à l'abri d'une mise en cause de sa responsabilité. Or, la formation initiale semble délaisser cet autre aspect essentiel du métier de médecin qui est d'agir en homme responsable. Dès lors, ces lacunes originelles devront être comblées au cours de leur vie professionnelle par le biais de la formation continue.

1. Les carences de la formation initiale

La formation du médecin tend à lui transmettre un "savoir faire", qui exclut souvent le "savoir juger". Ainsi, le médecin n'est souvent - même si c'est déjà beaucoup - qu'un technicien. En effet, l'enseignement prodigué laisse peu de place à l'étude des sciences humaines et sociales, module de 78 heures pour un total de 512 heures de cours[(374)]. De plus, seules 12 heures seront consacrées au droit médical, dont à peine une à la responsabilité médicale, cours qui mérite d'être analysé[(375)]. Les quatre régimes de responsabilité susceptibles d'être appliqués au médecin sont successivement étudiés : la responsabilité civile, pénale, administrative et disciplinaire. Pour autant, l'étude de la responsabilité administrative n'envisage à aucun moment l'existence d'un régime de responsabilité sans faute du service public

374- Enseignement reçu par un étudiant en première année du premier cycle des études médicales et odontologiques de la Faculté de Médecine de Lille II.

375- Cours dispensés par les Professeurs BEUSCART et GOSSET pour l'année universitaire 1995-1996.

hospitalier. Or, s'il est exact que le médecin n'est pas directement engagé dans un tel régime, son employeur - l'hôpital - doit toutefois indemniser la victime. Par conséquent, il assume la charge financière induite par un dommage trouvant son origine dans une décision médicale. Le préjudice causé au jeune Gomez trouve sa source dans la décision médicale de mettre en oeuvre une thérapeutique nouvelle, dont les conséquences ne sont pas entièrement connues. Or, le choix de cette thérapeutique a bien été opéré par un médecin. Aussi, "être responsable" ne signifie pas simplement répondre de ses actes directement devant les tribunaux, mais conduit également indirectement à en assumer les conséquences sur la collectivité. Par suite, à côté des enseignements théoriques qui forment le praticien à la technique médicale, il convient de faire prendre conscience aux "carabins" de l'impact de leurs actes sur la société "dont jusqu'ici, les savants n'avaient pas la moindre idée et, en tout cas, ne tenaient aucun compte"(376) . Il faut toutefois noter qu'à l'inverse de la Faculté de Médecine de Lille, fort peu d'universités françaises enseignent à l'heure actuelle le droit médical(377). Et de nombreux praticiens ignorent les principes de la responsabilité. Si bien que l'on assiste à une "levée de bouclier" du corps médical lorsque l'un d'entre eux est mis en cause par un patient. Depuis quelques années, pour atténuer cette attitude, certains centres hospitaliers universitaires(378) ont institué des séminaires d'histoire de la médecine et d'éthique médicale, qui permettent de combler les lacunes d'une formation beaucoup trop scientifique. De même, est à noter l'initiative du Centre hospitalier universitaire de Lille, qui a inscrit au programme des élèves de première année de médecine en 1995-1996 la lecture de l'ouvrage de Madame Lambrichs, intitulé *"la*

376- LAMBRICHS (L.), *La vérité médicale*, éd. Lafont, coll. Pluriel, 1994, p. 453. En ce sens l'auteur affirme également : "Le savoir-juger du médecin ne devrait donc pas se limiter à la connaissance clinique, qui fait partie intégrante du savoir médical pris comme référence dernière, mais s'exercer en amont de ce savoir, de façon à en percevoir et l'impact et les limites", p. 449.

377- Voir en ce sens ESPER (C.), L'information du patient ou de sa famille sur les données médicales : d'autres modes de règlements des litiges en cas d'accident thérapeutique, Colloque, *La responsabilité médicale : de la faute au risque*, op. cit., p. 127.

378- Dont celui de Lille.

vérité médicale"[379]. L'auteur tente de démontrer que les médecins, à l'origine humanistes, sont devenus des techniciens, et en conclut que les difficultés rencontrées par le corps médical dans ses relations avec les patients ont pour origine la formation reçue. Force est d'observer que le monde médical s'ouvre vers l'extérieur et qu'il en est fini de l'ère de "la science triomphante"[380]. Le médecin doit pouvoir développer des qualités autres que la mémoire et le raisonnement scientifique. Une telle sensibilisation au monde extérieur doit pouvoir se faire dès la première année des études. Aussi, les Diplômes d'études appliquées d'éthique ou encore d'histoire des sciences arrivent bien trop tard dans le cursus du praticien. En effet, au bout de quatre années d'études l'esprit est déjà formé. Pour pallier aux carences de la formation initiale, différentes initiatives ont été entreprises au niveau de la formation continue.

2. Les initiatives de la formation continue

Le médecin n'est pas préparé à voir sa responsabilité mise en cause. Dès lors, au moindre litige il s'insurge, brandissant son obligation de moyens comme ultime bouclier de protection. Mais la peur de l'accident médical n'évitera pas sa survenue. Comme l'affirme Monsieur Leclercq, ancien directeur des affaires médicales du C.H.R.U. de Lille :"La peur de la justice peut rendre prudent mais pas responsable"[381]. En revanche, un tel sentiment peut conduire à la pratique d'une médecine défensive[382]. De la sorte, les directions des hôpitaux publics ont pris conscience de la nécessité de sensibiliser les médecins à la question de leur responsabilité. Pour ce faire, deux techniques sont utilisées, soit la structure hospitalière organise elle-même

---

379- Op. cit.

380- LAMBRICHS (L.), op. cit., p. 453.

381- Lettre d'information pour le perfectionnement des professionnels de la santé, n°1, Oct. 1995, p. 1.

382- Il ressort d'une enquête réalisée par l'Agence nationale pour le développement de l'évaluation médicale que de nombreux anesthésistes pensent se prémunir contre le risque d'un procès en prescrivant systématiquement des examens préopératoires non nécessaires, in *La responsabilité médicale,* A.N.D.E.M., janvier 1995.

l'information de ses agents quant aux problèmes de responsabilité, soit elle fait appel à des intervenants extérieurs. Ainsi, un exemple de formation continue du corps médical nous est donné par le Colloque organisé par l'A.S.P.E.P.S. [(383)], le 9 novembre 1995, à l'Institut Gernez-Rieux de Lille sur le thème de la responsabilité médicale. L'objectif de cette journée d'études était de permettre au personnel hospitalier de quitter leur sentiment d'inquiétude pour apprendre à devenir responsable. En ce sens lors de l'ouverture de cette journée d'études, Monsieur Leclercq précisait ce qu'il faut entendre par "être responsable" : "il ne s'agit pas de craindre le malade ou le juge, c'est avant tout être capable de répondre à tout moment à la question « qui fait quoi, pourquoi, comment ? » (...). Etre responsables, c'est être capable d'adapter notre organisation et nos comportements pour améliorer les relations avec nos patients".

A cette fin, différents protagonistes - juristes, assureurs, médecins et victimes - eurent l'occasion d'exposer les différentes facettes de la responsabilité médicale, à travers ses conditions de mise en oeuvre, son impact financier pour l'hôpital ou encore le désarroi des victimes. Il faut d'ailleurs observer que la responsabilité administrative hospitalière y fut présentée de manière judicieuse par Monsieur Segard, avocat au Barreau de Lille. En effet, après avoir indiqué que la responsabilité du médecin hospitalier était rarement engagée, sauf en cas de faute détachable du service, il précise que "le médecin mis en cause sera pourtant en première ligne puisque c'est bien de son comportement que le tribunal aura à connaître ; c'est bien le médecin qui devra décrire les soins qu'il a prodigués, c'est lui qui, aidé par son conseil, devra répondre aux questions de l'expert judiciaire (...)"[(384)].

Aussi, même lorsque la responsabilité de l'hôpital est recherchée sur le terrain de la faute de service ou du risque, le médecin, dont la responsabilité n'est pas directement engagée, est appelé à répondre de ses actes. Différentes recommandations écrites, permettant également de sensibiliser les praticiens aux différents aspects de la responsabilité médicale, ont été publiées. Ainsi, le Club de réflexion des

---

383- Association pour le perfectionnement des professionnels de la santé.

384- Le médecin, le juge, l'expert judiciaire, Colloque *S'inquiéter ou être responsable*, op. cit.

cabinets du groupe de gastro-entérologie a fait paraître une brochure intitulée *"La responsabilité médicale en gastro-entérologie"*[385]. De même, certaines revues se consacrent aux imbrications existantes entre le droit et la médecine[386]. En plus de ces contributions extérieures, l'hôpital lui-même s'est parfois chargé de diffuser les évolutions jurisprudentielles en matière de responsabilité. A l'occasion d'une de ses séances, la Commission Médicale d'Etablissement du Centre hospitalier universitaire de Bordeaux eut à connaître des arrêts Gomez et V...., même si l'on peut déplorer l'absence de diffusion de la jurisprudence Bianchi[387].

Conscient de sa responsabilité, le corps médical doit également être conscient des risques inhérents à l'activité médicale.

B.– Un corps médical conscient des risques

La prise de conscience des risques inhérents à l'activité médicale s'effectue en deux étapes : le corps médical doit d'abord connaître, puis gérer les risques.

1. Connaître les risques

Les médecins sont aujourd'hui confrontés à de nouvelles spécialités particulièrement risquées[388]. Le docteur Pouletty[389] surenchérit ainsi : "Plus la médecine est efficace, plus l'acte médical com-

---

385- ESPER (C.), L'information du patient ou de sa famille sur les données médicales, op. cit., p. 127.

386- Voir en ce sens la revue *Médecine et Droit*, qui consacre une de ses rubriques aux problèmes de responsabilité. Pour un exemple, JONQUERE (J.), La mise en jeu de la responsabilité professionnelle dans l'exercice de l'ophtalmologie, *Médecine et Droit*, n°12, 1995, p. 14.

387- Correspondance de M. HERIAUD, Directeur général adjoint, C.H.U. de Bordeaux.

388- En ce sens, le docteur BEAUPERE déclare : *"La certitude en médecine est quelque chose de bien plus précaire qu'on ne le croit"*, Le silence des médecins, *Le Monde* 16/02/1993, p. 13.

389- Président du Sou Médical, in *Top Santé*, op. cit., p. 58.

porte des risques". Selon un sondage I.F.O.P. de février 1995[390], 48% des personnes interrogées estiment que l'anesthésie est le domaine de la médecine où il y a le plus de risques d'accidents médicaux tels que les chocs allergiques, les arrêts cardiaques ou les comas survenus dans la phase de réveil[391]. Les chirurgies esthétique et générale arrivent respectivement en deuxième et troisième position. Les risques en ces domaines sont variés : complications neurologiques après chirurgie des varices, infections et fractures des os après pose de prothèses, embolies après liposuccion. Comme l'affirme le Professeur Melennec : "Il arrive de plus en plus fréquemment que l'acte médical, aujourd'hui très efficace, soit à l'origine d'un état pathologique grave, susceptible de réduire très notablement les capacités physiologiques de l'individu (...) sans qu'il soit possible de retrouver la moindre faute à la charge du praticien, dont la conduite peut avoir été parfaitement adaptée à tous les niveaux de son intervention"[392]. De fait, l'information des risques inhérents à chaque spécialité doit être organisée. Pour ce faire, deux dispositifs peuvent être utilisés. En premier lieu, la presse médicale se fait l'écho des différents accidents susceptibles de survenir à la suite d'une intervention : *"Médecine foetale : une révolution à risque"*[393], *"Chirurgie de la cataracte et de la myopie : risques et responsabilité"*[394]. En ce sens, il faut noter l'initiative de l'Ordre national des médecins qui a diffusé à l'ensemble des praticiens une brochure contenant des recommandations relatives aux *"relations entre anesthésistes et réanimateurs, chirurgiens et autres spécialistes ou professionnels de santé"* et dressant un tableau des risques de chacune de ces spécialités[395].

390- Sondage réalisé auprès d'un échantillon représentatif constitué de 1003 personnes âgées de 15 ans et plus.

391- Le docteur VIALLARD estime, en ce sens, devant l'impossibilité de l'hôpital universitaire de Strasbourg d'assurer la sécurité anesthésique, que les politiques se contentent *"d'une sécurité à deux vitesses (...)"*, *Le Monde*, 30/12/1993, p. 9.

392- MELENNEC (L.), La responsabilité médicale doit être fondée sur le risque, *R.T.D. sanit. et soc.* 1972, p. 271.

393- CHAUVARD (S.), in *Impact médecin hebdo*, n° 263, 13/01/1995, p. 22.

394- PASQUET (C.), SICOT (C.), in le *Concours médical*, 06/05/1995, p. 1367.

395- ESPER (C.), L'information du patient ou de sa famille, op. cit., p. 127.

En second lieu, les journées d'études nous paraissent constituer également un bon moyen de diffusion de la connaissance des risques médicaux. Certains l'ont d'ailleurs compris comme le prouve le colloque organisé au Sénat, le 26 novembre 1993, par la revue Médecine et Droit et l'Association française de formation continue en médecine légale, sur le thème *"le risque médical : prévention des conséquences médico-légales"*[(396)]. Une fois connu, le risque médical doit être géré.

2. Gérer les risques

Afin de sauvegarder leur assurabilité, qui comme nous l'avons vu précédemment est menacée[(397)], les hôpitaux publics se sont lancés dans de vastes programmes de "gestion des risques", expérimentés depuis quelques années dans d'autres pays. Ainsi, la gestion des risques s'est d'abord imposée en Amérique du Nord, où elle est apparue comme le moyen, d'une part de réduire les poursuites intentées contre les hôpitaux, d'autre part de stabiliser les primes payées. Pour atteindre ces objectifs, un organisme d'assurance a identifié les pratiques à risques, puis proposé des programmes capables d'en diminuer la fréquence. On a alors pu constater une diminution progressive du nombre d'actions en dommages et intérêts, qui a induit une stabilisation des primes d'assurance.

En revanche, rares sont les pays européens à s'être dotés de tels programmes. La Grande-Bretagne a attendu avril 1995 pour créer un fonds permettant la mutualisation des sinistres, qui impose aux établissements y adhérant un management rigoureux des risques. De même, les Pays-Bas ont adopté un dispositif similaire[(398)]. En France, l'hôpital de la Croix-Rousse intégré aux Hospices civils de Lyon est l'un des premiers établissements à avoir mis en place un tel dispositif.

396- GROUTEL (H.), Le risque médical, *Médecine et Droit*, n° 4, 1994, p. 12.

397- S.H.A.M., La gestion des risques, clé de l'assurabilité des établissements de santé, *RHF*, n° 2, 1996, p. 176.

398- REDDERING (F.H.), L'expérience du risk-management menée par une Mutuelle d'Assurance des Etablissements de Santé aux Pays-Bas, XVIe Assise Nationale de l'Hospitalisation, 27/03/1996.

Pour ce faire un groupe de travail, composé de trois médecins, d'un cadre soignant, ainsi que du directeur des services financiers, a été mis en place afin de constituer des tableaux de bord prenant en compte quatre indicateurs : les soins, le médico-technique, la communication et l'hôtellerie. L'évaluation des situations à risques en matière de soins a été permise, d'une part par l'étude des dossiers médicaux des patients accidentés et des cahiers d'anesthésie, d'autre part par la réalisation d'enquêtes auprès des professionnels. Ces situations mises en évidence, des plans d'action ont été élaborés afin d'y remédier[(399)]. Dans de tels programmes de gestion des risques, le rôle des médecins est primordial. En effet, il leurs revient la tâche de signaler les incidents, et de participer à la détermination de la stratégie susceptible d'être mise en oeuvre, puis de rendre compte de l'impact des mesures de prévention appliquées[(400)].

Aussi, l'information du corps médical sur les règles de mise en jeu de sa responsabilité, ainsi que sur les risques inhérents aux activités qu'il exerce, constitue le premier moyen de prendre en charge le risque médical en contournant la voie contentieuse. L'information des patients en constitue le second.

§2. L'information des patients

Une relation de confiance doit s'établir entre le patient et son médecin afin d'optimiser les chances de succès du traitement médical. Ainsi, le praticien doit pouvoir et surtout savoir communiquer avec le malade (A). De même, le "patient diminué" parce que malade dispose de droits, dont l'établissement hospitalier se chargera d'organiser l'information (B).

399- RAISIN DACHE (L.), Directeur d'établissement aux Hospices civils de Lyon, La gestion des risques à la française : l'expérience de l'hôpital de la Croix-Rousse à Lyon", ib. idem.

400- PORTOS (M.), Président du Sou Médical, Le médecin, acteur et partenaire privilégié de la gestion des risques, XVIe Assise Nationale de l'Hospitalisation, 27/03/1996.

A.– L'information médicale du patient

Tout acte médical suppose l'existence d'un dialogue préalable du praticien avec son patient. Cette communication connaît deux phases. Le médecin informe le malade de son état de santé et de l'intervention qu'il va subir. Ce dernier donne ensuite son consentement à l'acte médical pratiqué sur sa personne.

1. Le médecin informe

Le praticien perçoit mal les normes juridiques relatives à l'information du patient devenues plus nombreuses et plus précises. Le Code de déontologie médicale(401) oblige tout médecin à informer son patient du traitement envisagé(402). Cette obligation est d'ailleurs rappelée par le Code de la santé publique, dans une disposition s'appliquant tant aux établissements publics que privés, qui précise : "que les praticiens des établissements assurent l'information des personnes soignées" et que "les personnels paramédicaux participent à cette information dans leur domaine de compétence et dans le respect de leurs propres règles professionnelles"(403).

Ce droit à l'information du patient connaît un prolongement au travers des modalités d'accès au dossier médical. En effet, le malade ne peut accéder directement à son dossier(404). Aussi, c'est au praticien de prendre connaissance du dossier puis d'en communiquer les éléments au malade. Dès lors, l'information orale devient la clef de voûte du système. Le dialogue est essentiel. L'absente ou l'insuffisante information donnée au malade est qualifiée par le juge administratif

401- Décret du 06/09/1995, J.O. 08/09/1995, p. 13 305.

402- Art. 34 : "Le médecin doit formuler ses prescriptions avec toute la clarté indispensable, veiller à leur compréhension par le patient et son entourage (...)". Art. 35 : "Le médecin doit à la personne qu'il examine (...) une information loyale, claire et appropriée sur son état (...)".

403- Art. L 710-2 al. 2 du Code de la Santé publique. Cet article est d'ailleurs complété par le décret du 14/01/1974 relatif aux règles de fonctionnement des Centres hospitaliers et hôpitaux locaux. Voir AUBY (J.M.), L'information du malade, quelques aspects juridiques, *Sociologie Santé*, juin 1995, n°12, p. 92.

404- Art. L 710-2 al.1, R 710-2-1 et R 710-2-10 du Code de la Santé publique.

de faute dans le fonctionnement du service public hospitalier. Ainsi, sera jugée fautive l'insuffisance des informations données à une patiente sur le risque neurologique que comportait un traitement[405]. Toutefois, cette obligation d'informer du médecin connaît certaines limites. La responsabilité hospitalière n'est pas engagée lorsque l'information du malade sur les risques encourus à l'occasion d'un traitement est incomplète du fait de l'urgence de la situation[406]. De même, le médecin n'est pas tenu d'avertir le patient des risques exceptionnels inhérents à l'accomplissement d'un acte médical[407]. Cependant, le corps médical ne perçoit pas toujours l'utilité d'une telle information du patient. D'aucuns estiment en effet, que le malade est incapable de comprendre la signification des termes médicaux[408]. Dès lors, les praticiens redoutent et évitent le dialogue avec leurs patients. Informé du traitement qu'il va subir, le malade donne ou non son consentement.

2. Le malade consent

Le consentement "libre et éclairé" du malade à l'accomplissement d'un acte médical doit intervenir avant chaque intervention en dehors de toute contrainte physique ou morale. En la matière, la France ne connaît pas un formalisme comparable à celui des Etats-Unis, où le consentement du patient intervient par écrit. Ainsi, le patient consent au traitement au cours d'un entretien oral. Toutefois, certains textes sont venus encadrer strictement l'obtention de ce consentement. La loi du 29 juillet 1994 relative au don et à l'utilisation des produits du corps humain prévoit différents cas dans lesquels le consentement doit être donné par écrit. Il en va ainsi pour le couple

---

405- C.A.A. de Nancy 09/07/1991 *Mme Devresse et autres*, *Rec.* 1185.

406- C.E. 15/01/1988 *Mme Marion*, *Rec.* 127.

407- C.E. 01/03/1989 *Gelineau*, *Rec.* 65 ; C.E. 19/05/1976 *Dame veuve Cogniera*, *Rec.* 1396. Contra CAA Paris 9/06/1998 *Guilbot*, Req. n°95 PA 03660 : "le risque de paraplégie que comportait l'intervention préconisée, quoiqu'exceptionnel, était bien connu ; qu'eu égard à la gravité de ce risque, les praticiens de l'AP-HP étaient tenus d'en informer l'intéressé".

408- TRUCHET (D.), La décision médicale et le droit, *AJDA*, 1995, p. 614.

qui décide la conservation d'embryons surnuméraires[409] ou qui permet l'accueil de ces derniers par un autre couple[410]. De plus, l'obligation stricte de respecter la volonté du patient subsiste après son décès[411]. Aussi, la responsabilité du service public hospitalier est engagée lorsque plusieurs organes d'une personne décédée ont été prélevés en méconnaissance de sa volonté de s'opposer à tout prélèvement[412]. Par de telles règles jurisprudentielle et législative, un compromis est réalisé entre la confiance qui doit régir les relations patient/malade d'une part et le libre choix du patient de recourir ou non à un traitement d'autre part[413]. Par conséquent, un tel dispositif permet d'éviter la mise en place de deux systèmes extrêmes. Le premier consisterait à faire signer systématiquement au patient une liste répertoriant de manière exhaustive les risques inhérents au traitement[414]. Le second verrait les patients s'en remettre au seul choix du médecin. L'une ou l'autre de ces attitudes nous paraît bien excessive. Et l'information du patient nous semble le seul moyen de lui faire prendre conscience du risque médical. De plus, cette information médicale doit être complétée par une information juridique.

409- Art. L 152-3 du Code de la Santé publique.

410- Art. L 152-4 du Code de la Santé publique.

411- Loi n°76 1181 du 22/12/1976, relative aux prélèvements d'organes, JORF 1976 p. 7365.

412- T.A. de Lyon 19/02/1993 *Consorts Sousa*, Rec. 511.

413- MORISOT (M.), Evolution de la jurisprudence en matière de responsabilité hospitalière, Colloque *La responsabilité médicale : de la faute au risque*, op. cit., p. 109.

414- La Cour de cassation a récemment renversé la charge de la preuve de l'exécution de l'obligation d'information du médecin à l'égard de son patient. Il appartient désormais au praticien de supporter la charge de la preuve : Cass. 1re civ. 25/02/1997 *Hédreul c/ Cousin et autres*, DORSNER-DOLIVET (A.), *Petites affiches* 1997, n°85, p. 17 ; DUBOUIS (L.), La preuve de l'information du patient incombe au médecin : progrès ou régression de la condition des patients ?, *RD sanit. et soc.* 1997, p. 288 ; GUIGUE (J.), ESPER (C.), Le juge judiciaire et le juge administratif se prononcent sur l'information médicale du malade, Convergences ou divergences jurisprudentielles, *Gaz. Pal.* 24 et 25/10/1997, p. 3.

B.– L'information juridique du patient

Le malade hospitalisé est un sujet de droit. A cette fin, l'établissement hospitalier doit l'informer des droits dont il dispose d'une part, des moyens de les faire respecter d'autre part.

1. Des patients informés de leurs droits

Si la presse se fait l'écho des droits du patient diminué par la maladie[(415)], l'hôpital doit également, et ce avant la survenue de l'accident médical, faciliter cette information juridique. Pour ce faire, il dispose de deux moyens principaux. Il peut, en premier lieu, diffuser lors de l'hospitalisation un livret d'accueil dans lequel sera définie la situation juridique de l'usager du service public hospitalier. De la sorte, dès 1974, Madame Simone Veil diffuse une circulaire ministérielle comportant une Charte du malade hospitalisé, et un décret du 14 janvier 1974[(416)] précise qu'un livret d'accueil doit être remis au malade dès son entrée à l'hôpital[(417)]. De même par une circulaire du 6 mai 1995 relative aux droits des patients[(418)], Monsieur Douste-Blazy, tout en actualisant le contenu de cette Charte, invite les établissements de santé à la remettre à chaque patient accueilli. Toutefois, une enquête réalisée par l'Express en 1993 révèle que ces livrets sont en pratique rarement remis[(419)]. L'affichage constitue le second moyen d'information du patient. Aussi, un résumé de la Charte du patient hospitalisé est destiné à faire l'objet d'un affichage.

415- *Erreurs médicales, tous vos droits,* 50 millions de consommateurs, n°269, 01/94, pp. 16-24.

416- Décret n°74-27 relatif aux règles de fonctionnement des centres hospitaliers et des hôpitaux locaux, JORF 1974, p. 603.

417- Art. 39 : *"Dès son arrivée dans l'établissement, chaque hospitalisé reçoit un dépliant ou une brochure contenant toutes les informations qui lui seront utiles pendant son séjour".*

418- Circulaire DGS/DH, n°95-22 du 06/05/1995.

419- REMY (J.), La vie quotidienne dans nos hôpitaux, *L'Express,* 03 au 09/06/1993, p. 68.

Ces différents instruments permettent d'informer le patient sur le contenu de ces droits : droit à l'admission, à la dignité, à l'expression, d'aller et venir notamment. De même, la vie privée et l'intimité du patient doivent être respectées. En définitive, le malade n'est pas uniquement un corps, c'est un être humain qui a des droits, dont il peut d'ailleurs imposer le respect par l'hôpital.

2. Des patients informés des moyens de faire respecter leurs droits

Connaître ses droits ne suffit pas, les malades doivent également être informés des recours dont ils disposent pour les faire respecter. Ainsi, les patients ou leurs ayant-droits, estimant avoir subi un préjudice lors de leur séjour à l'hôpital, doivent savoir comment réagir et surtout à qui s'adresser ? La Charte du patient hospitalisé contient un paragraphe X consacré aux voies de recours. Dans tous les cas, la réclamation doit être adressée au directeur de l'hôpital qui peut adopter deux attitudes, soit il refuse la demande de l'usager ou garde le silence pendant plus de quatre mois, soit il fait droit à la requête. En cas de rejet de la réclamation, l'auteur de cette dernière dispose alors de la faculté d'intenter un recours contentieux. Pour autant, les malades doivent également être informés que certains sinistres peuvent se clôturer à l'amiable. L'Assistance publique des hôpitaux de Paris règle ainsi elle même le tiers des litiges portés devant elle [420]. De plus, l'usager est informé par le livret d'accueil de cet établissement de l'existence d'un conciliateur médical. Informés, les acteurs du risque médical auront sans aucun doute une meilleure réaction lors de la survenue de ce dernier.

Section 2. La conciliation *a posteriori*

Lorsque l'accident médical non fautif survient, l'établissement hospitalier ne doit pas se refermer sur lui-même. En effet, ce dernier peut diminuer le nombre des contentieux en instituant des mécanis-

420- ESPER (C.), L'information du patient ou de sa famille, op. cit., p. 128.

mes de médiation[421] et en favorisant le règlement amiable des litiges. La France, à l'instar de certains pays européens, a rapidement compris l'intérêt d'un tel dispositif de conciliation. Et devant l'impossibilité d'adopter un texte général en ce domaine, certains hôpitaux ont institué de tels mécanismes. Dès lors, nous étudierons en premier lieu les origines de la conciliation (§1), puis les expériences françaises actuelles en la matière (§2).

§1. Des origines de la conciliation

La période allant de la fin des années 70 au début des années 80 connaît *"le rêve de la médiation"*[422]. Il s'est agi de mettre fin aux procès en développant des procédures de règlement non contentieux des litiges. Guidées par des expériences européennes concluantes (B), les initiatives nationales ne rencontreront pas le même succès (A).

A.– Les initiatives nationales malheureuses

A diverses reprises, le législateur a tenté de répondre à l'incompréhension de la famille et/ou de la victime d'un accident médical, sans que celles-ci soient obligées d'intenter un procès. Pourtant, aucune réglementation n'a pu aboutir en la matière.

1. Les enjeux de la médiation

La médiation permet de faciliter la tâche de la victime dans sa quête de vérité en levant l'incompréhension, qui entoure l'accident médical. En conséquence, elle implique une diminution des contentieux qui ne peut être que bénéfique à la qualité de la relation patient/médecin. En pareil cas, la victime agit moins par esprit de vengeance que par désir d'information. Or en cas de survenue d'un acci-

---

421- Les termes "médiation" et "conciliation" sont utilisés ci-après de manière synonymique et s'entendent comme un mécanisme identique de règlement non contentieux d'un litige.

422- EWALD (F.), *Le problème français des accidents thérapeutiques, enjeux et solutions*, op. cit., p. 66.

dent médical, ce besoin d'information se transforme fréquemment en sentiment d'incompréhension[423]. L'explication de ce phénomène semble résider dans la complexité du fonctionnement de l'hôpital. En effet, dans un tel établissement, le malade est généralement pris en charge non par un seul individu mais par une ou plusieurs équipes. Par conséquent, la réponse faite au patient sera parcellaire, et ne lui donnera pas pleinement satisfaction. Confrontée à une telle situation, la victime persistant à rechercher l'information intente un recours[424]. La médiation apparaît comme "une zone tampon" pour dépasser le silence du corps médical tout en évitant la machine judiciaire. Par suite, la médiation présente différents avantages. De fait, le procès ne satisfait ni la victime, ni l'hôpital. Véritable croisade pour le patient mutilé, il met nécessairement en question, et au grand jour, la réputation de l'hôpital. Si bien que la seule attitude adéquate face aux plaintes, dont les médecins et les hôpitaux font l'objet, est d'indemniser la victime sans passer par le procès. De plus, il faut observer qu'un tel dispositif peut revigorer la relation patient/médecin en voie de désagrégation en levant pour partie le sentiment de suspicion qui pèse sur le corps médical. Pour répondre aux enjeux de la médiation, le législateur a tenté d'intervenir à différentes reprises.

2. Les tentatives législatives avortées

S'inspirant du rapport Mac Aleese de juillet 1980, un décret du 15 mai 1981[425] crée le conciliateur médical. La mission de ce dernier était de favoriser l'information des patients et de faciliter le règlement amiable des différents. Magistrat honoraire, il avait le pouvoir de commettre des experts et pouvait être saisi sans forme par

---

423- Voir en ce sens ESPER (C.), L'information du patient ou de sa famille sur les données médicales, d'autres modes de règlement des litiges en cas d'accident thérapeutique, op. cit., p. 121.

424- Selon un sondage S.O.F.R.E.S., publié dans le nouvel observateur, n°1418, 09 au 15/01/1992, à la question *"Si vous estimiez avoir été mal soigné par un médecin, quelle serait votre réaction ?"*, 46 % des personnes interrogées répondent qu'elles feraient un procès.

425- Décret n°81-582, *JORF* 1981, p. 268.

toute personne physique ou morale. Mais une association de consommateurs saisit le juge administratif d'un recours pour excès de pouvoir contre ce décret, qui fut finalement annulé par le Conseil d'Etat le 31 mai 1989[(426)]. En effet, seule une loi - et non un décret - pouvait autoriser un médiateur, qui n'était pas désigné par l'autorité judiciaire, à prendre connaissance de dossiers couverts par le secret médical. Cette initiative avortée se retrouve toutefois dans différentes propositions de loi visant à donner une base légale au principe de la conciliation, soit par la création de commissions d'indemnisation, soit par l'institution de médiateurs médicaux. Tenant compte des griefs formulés par le Conseil d'Etat à l'encontre du décret du 15 mai 1981, Monsieur Bernard Debré préconise la mise en place de médiateurs médicaux dans une proposition de loi du 17 novembre 1987[(427)]. Magistrat honoraire ou en activité, il n'aurait aucun contrôle juridictionnel, ni aucun pouvoir de coercition. De plus, sa saisine serait facultative et il serait tenu à l'obligation du secret médical.

Dans cette même philosophie, Monsieur Masson dépose le 14 décembre 1982 une proposition de loi *"portant création de Commissions d'indemnisation"*[(428)]. Celles-ci, créées auprès de chaque Tribunal de grande instance, seraient composées d'un président-médiateur, de médecins et de représentants des usagers. Dans un tel dispositif, le président-médiateur devait instruire le dossier et désigner trois experts - un généraliste, un spécialiste et un légiste - puis présenter son rapport. Au vu de l'expertise contradictoire, la Commission fixait le montant d'une indemnisation provisoire, devenant définitive une fois rendue la décision du Tribunal de grande instance[(429)]. Cette procédure avait pour principal avantage d'être gratuite.

Plus récemment, le 28 avril 1994, une proposition de loi relative *"à l'indemnisation de l'aléa thérapeutique"* fut déposée sur le bureau de l'Assemblée nationale par Monsieur Serrou[(430)]. Le disposi-

---

426- C.E. 31/05/1989 *Mme Roujanski, Rec.* 135.

427- Proposition de loi tendant à instituer des médiateurs médicaux, A.N., n°127, redéposée le 06/07/1988.

428- Proposition de loi, A.N., n°1160.

429- Notons que cette décision était susceptible d'appel devant les juridictions civiles.

430- Proposition de loi, A.N., n°1181.

tif imaginé est original puisqu'il prévoit qu'une *"Commission nationale des accidents thérapeutiques"* évalue, dans chaque différend surgissant entre un professionnel de santé et un malade, *"si le comportement du médecin est normalement diligent ou s'il traduit une faute professionnelle"*[(431)]. Pour ce faire, cette Commission, présidée par un magistrat de l'ordre judiciaire ou administratif, serait composée de professionnels de la santé et de personnes qualifiées extérieures à ces professions, désignés par décret. Ainsi, le recours à cette Commission deviendrait un préalable nécessaire soit au procès - si elle déclare qu'une faute est imputable au professionnel de la santé-, soit à l'indemnisation - si elle estime que le patient est victime d'un accident médical non fautif. En tout état de cause, il paraît évident que toute réforme visant à l'indemnisation des accidents médicaux devra intégrer cette phase préalable de médiation, ce qu'ont d'ailleurs compris certains pays européens.

B.– Les initiatives européennes heureuses

L'Allemagne et la Suisse ont introduit dans leur système de responsabilité respectif des mécanismes de médiation entre malades et médecins[(432)].

1. Le modèle allemand

A partir de 1975, le corps médical allemand a établi sur l'ensemble du territoire fédéral des Commissions médicales indépendantes sous forme *"d'offices de conciliation"* et de *"commissions d'experts"*. Si leur composition[(433)] et leur fonctionnement diffèrent d'un Land à l'autre, leur mission est identique.

431- Ib. idem.

432- Mécanisme qualifié par MM. EWALD et MARGEAT de *"mécanisme de pacification et de présélection des victimes raisonnablement indemnisables"*, Le risque thérapeutique, Rev. *Risques,* juin 1991, p. 12.

433- Les Commissions comprennent 4 ou 5 membres représentant le patient, le médecin en cause, l'Ordre et souvent un expert extérieur.

Elles sont chargées d'établir les faits, de conduire l'expertise médicale et enfin, de présenter un rapport servant de base à la solution du litige[434]. Toutefois, la Commission n'intervient qu'avec l'accord de tous les intéressés. Et la partie non satisfaite pourra, si elle le désire, recourir à la voie judiciaire. Les assureurs, au départ sceptiques, ont très vite apprécié ces Commissions qui leur permettaient d'éviter les coûts de procédure. En pratique, du 1er décembre 1975 au 31 mai 1988, 7 288 affaires ont été présentées aux Commissions de Rhénanie du Nord, qui ont rendu 4 409 décisions, dont 1 104 ont conclu à une erreur de traitement[435]. Force est de reconnaître que ce chiffre ne paraît pas excessif. Cependant, une interrogation persiste quant au sort des victimes d'un accident médical non fautif. Ainsi aux dires de Monsieur Kroninger, la majeure partie de l'opinion publique allemande voudrait suivre l'exemple suédois et instaurer une assurance patient. Toutefois un tel dispositif ne semble pas nécessaire à l'heure actuelle pour deux raisons. D'abord du côté des patients, "l'assurance sociale"[436] prend en charge les soins nécessaires au patient et à l'entretien de ses proches. Ensuite du côté des médecins, il semble que l'assurance privée "responsabilité civile" leur offre suffisamment de protection. Tant est si bien que la mise en place d'un dispositif semblable au modèle suédois n'est pas pour le moment à l'ordre du jour. L'Allemagne n'en reste pas moins un modèle en matière de médiation, modèle d'ailleurs suivi par la Suisse dès 1982.

2. Le modèle Suisse

Sur l'initiative de la Fédération des médecins suisses[437], deux bureaux d'expertises extra-judiciaires ont été créés au mois de mars

---

434- Voir KRONINGER (O.), La responsabilité du médecin en Allemagne, Colloque S.H.A.M., *L'indemnisation de l'aléa thérapeutique, utopies et réalités en France et en Europe*, op. cit., p. 18 ; Rapport du Sénat, *La responsabilité médicale et l'indemnisation du risque thérapeutique*, Service des affaires européennes, cellule de droit comparé, n°25, mai 1991, p. 10.

435- Chiffres donnés par M. KRONINGER, op. cit., p. 19.

436- Qui correspond à notre sécurité sociale française.

437- Celle-ci regroupe environ 90 % du corps médical.

1982[438]. Cette création cherchait à répondre à deux critiques adressées à l'encontre du régime de responsabilité médicale Suisse[439]. En premier lieu, la victime d'un accident médical fautif éprouvait de nombreuses difficultés à trouver un expert à même de lui fournir la preuve d'une faute du médecin. En second lieu, une fois ce premier obstacle franchi, l'expert rendait son rapport dans des délais jugés trop longs. Dès lors, les bureaux d'expertises ont été créés dans le but *"d'étudier les cas prétendus d'erreurs de diagnostic ou de traitement commises par des médecins"*[440]. Un tel dispositif a résolu les problèmes soulevés ci-dessus. Ainsi, une vingtaine de sociétés d'experts s'est mise à la disposition des bureaux. Ce faisant, l'expertise ne s'est plus fait attendre, les experts étant tenus de rendre leur rapport dans un délai de trois mois. Un autre avantage du système tient dans sa quasi-gratuité, la Fédération des médecins prenant en charge le coût des expertises. Depuis leur création, ces bureaux sont appelés à connaître d'une centaine de dossiers annuellement. Aussi de 1982 à 1986, 70 % des expertises ont conclu à l'absence de faute du médecin, 20 % ont retenu l'existence d'une faute, et 10 % n'ont pu se déterminer. En conclusion, les expériences allemande et suisse fonctionnent comme des mécanismes efficaces de prévention des procès, favorables aux acteurs de la relation médicale. Le patient reçoit une réponse rapide, le médecin échappe à la machine judiciaire. Suite à ces expériences, certaines structures hospitalières françaises se sont inspirées de ces initiatives en créant en leur sein des instances de conciliation.

§ 2. Les expériences françaises actuelles de conciliation

L'Assistance publique des hôpitaux de Paris a mis en place dès 1989 à l'hôpital Bichat un conciliateur médical, expérience qu'elle

---

438- Un bureau pour la Suisse alémanique et le Tessin siège à Berne, un autre pour la Suisse romande à Lausanne.

439- Voir en ce sens FERRARESE (V.), Le système suisse des bureaux d'expertises, Colloque S.H.A.M., L'indemnisation de l'aléa thérapeutique, utopies et réalités en France et en Europe, op. cit., p. 33.

440- Cf. Rapport du Sénat, *La responsabilité médicale et l'indemnisation du risque thérapeutique,* n°25, mai 1991, op. cit., p. 44.

a d'ailleurs généralisée en 1990 à l'ensemble des hôpitaux (A). Dans une même philosophie, mais sous une forme différente les Hospices civils de Lyon avaient, dès 1982, installé une commission de conciliation dénommée à l'heure actuelle "Commission d'information de l'usager" (B). Ces deux expériences sont animées par une même volonté : améliorer l'information de la victime d'un accident médical afin d'éviter qu'en désespoir de cause, confrontée au mutisme médical, elle en appelle au juge.

A.– Le conciliateur médical

"Homme de dialogue", l'institution de cette instance de conciliation est largement positive.

1. "Un homme de dialogue"[441]

Dès 1989, la plupart des hôpitaux de l'Assistance publique connaissent la fonction de conciliateur médical. Nommé par le Directeur général de cette institution sur proposition de chaque établissement hospitalier, le médecin conciliateur appartient au corps des professeurs d'université, praticiens des hôpitaux. Il s'agit la plupart du temps d'un ancien chef de service parvenu à l'âge de la retraite mais maintenu pour quelques années dans ses fonctions universitaires, tout en poursuivant certaines activités d'intérêt général - la fonction de conciliateur en est une - au sein de l'hôpital public. Le constat opéré par l'Assistance publique est simple : le dialogue entre le patient et son médecin a laissé place à une relation fortement "technicisée". Le malade n'est plus pris en charge par un individu mais par une ou plusieurs équipes. Subséquemment, la décision médicale est finalement l'aboutissement d'une "chaîne" impliquant de nombreuses personnes, et dont bien souvent aucune ne prend le temps d'en expliquer les tenants et aboutissants. En cas de survenue d'un accident médical, le

---

441- Expression utilisée par le Professeur Daniel LAURENT médecin conciliateur au C.H.U. Henri-Mondor de Créteil lors de son intervention intitulée La conciliation médicale, Colloque *S'inquiéter ... ou être responsable ?*, Institut Gernez-Rieux, Lille, 09/11/1995, op. cit.

silence devient insupportable pour la victime. Dès lors pour fuir et pallier cette carence d'explication, les malades mutilés font appel au juge. Ainsi, François Stasse, Directeur général de l'Assistance publique, estime "qu'un certain nombre d'actions, portées devant les tribunaux, pourraient être évitées si les malades ou leurs familles obtenaient des réponses plus claires aux questions qu'ils posent"[442]. Par conséquent, l'instauration d'une "instance d'information" entre malade et médecin est devenu indispensable. La mission, qui est dès lors confiée au conciliateur en fait nécessairement un "homme de dialogue", puisqu'il doit répondre aux réclamations mettant en cause la qualité des soins dispensés. Il lui appartient de rétablir le dialogue avec le patient devenu victime ou sa famille. A cette fin, il est amené à rencontrer la personne qui a formulé la réclamation, ainsi que les médecins du ou des services concernés et les responsables des soins prodigués. Pour mener à bien son enquête, il dispose également des dossiers médicaux des malades. En possession de ces informations, le conciliateur doit faire preuve de différentes qualités. Il doit en premier lieu comprendre le plaignant et la plainte. Il doit ensuite tout au long de la phase d'instruction demeurait indépendant. Or *a priori*, cette indépendance primordiale pour répondre aux attentes des victimes ne va pas de soi. En effet, le conciliateur médical est un médecin hospitalier. En tant que médecin, l'on peut craindre une certaine confraternité, et en tant qu'agent public une certaine retenue dans la fixation du montant des sommes versées aux victimes en cas de règlement amiable des litiges.

Enfin, la troisième qualité du conciliateur tient dans sa faculté de répondre et d'expliquer au plaignant les dysfonctionnements du système. Dès lors, il doit faire preuve de pédagogie. Toutefois, les patients ne peuvent s'adresser directement au conciliateur. En effet, toutes les réclamations formulées sont dirigées sur la Direction de l'hôpital. La décision de saisir le conciliateur appartient donc au Directeur de l'établissement. Aussi est-il louable de chercher à savoir si cette instance a eu les effets escomptés.

442- Lettre de mission envoyée à D. LAURENT par M. STASSE, Colloque, *La responsabilité médicale : de la faute au risque*, E.N.M., 1996, op. cit., pp. 148-149.

2. L'expérience de l'hôpital Henri-Mondor

Il est possible de dresser l'ébauche d'un bilan des activités de ce dispositif de conciliation à travers l'expérience de l'hôpital Henri Mondor(443). En premier lieu, il convient d'observer que les réclamations, dont le conciliateur médical est appelé à connaître, sont extrêmement diverses. Seule la moitié des plaintes a des incidences médicales, l'autre moitié concerne des problèmes d'intendance liés à la nourriture, la promiscuité ou encore au montant des frais hospitaliers. Les demandes relatives aux soins mettent en cause la plupart du temps les modalités d'exécution des soins infirmiers et parfois la décision médicale elle-même. En un an, le Professeur Laurent a été saisi de 55 dossiers contenant des réclamations ayant des incidences médicales(444). En second lieu dans la majorité des cas, ce n'est pas l'insuffisance de résultat qui est évoquée, mais l'existence d'une incompréhension entre le patient et son médecin. Ainsi, l'attitude des agents hospitaliers est jugée méprisante, notamment par le mutisme dans lequel ils se réfugient. L'on peut reprocher à l'équipe médicale un discours obscur et technique insuffisamment intelligible pour l'usager du service public hospitalier. Enfin, une telle expérience permet de mettre en évidence le déficit relationnel du monde hospitalier et conduit les établissements à trouver des solutions pour y pallier. Du reste, le bilan de celle-ci a amené l'hôpital Henri-Mondor à sensibiliser ses cadres, son personnel de soins, comme ses médecins à la construction d'un dialogue de qualité entre le patient et ses proches. De plus, les attitudes aberrantes, démontrées et par conséquent dénoncées, se produiront plus rarement.

Malgré les avantages certains d'une telle instance, différentes critiques sont susceptibles d'être formulées à son encontre. Notamment, les victimes peuvent se méfier du médecin conciliateur, membre de la "caste médicale" d'une part et nommé par le chef d'établissement d'autre part. Par conséquent, il faudrait peut être mieux qu'un ancien magistrat bénévole occupe un tel poste. De plus, l'on

443- Etablissement où exerce M. LAURENT avec lequel nous nous sommes entretenus à la suite du Colloque, *"S'inquiéter ... ou être responsable ?"*, op. cit.

444- Soit une plainte pour 1 000 hospitalisations, soit environ une par semaine.

peut regretter que sa saisine soit limitée à la personne du Directeur de l'établissement. En effet, cela suppose que le dommage ait été réalisé. Or, il serait sans doute intéressant pour le corps médical de bénéficier d'une instance de conseil antérieurement à la survenue de l'accident médical. Dans une philosophie identique à celle qui a inspiré l'apparition d'un conciliateur médical, les Hospices civils de Lyon ont expérimenté une "Commission d'information des usagers"(445).

B.– La Commission d'information des usagers

Afin d'apprécier l'ensemble des rouages de cet autre dispositif de médiation, il nous faut dans un premier temps en apprécier l'organisation, puis le fonctionnement.

1. L'organisation de la Commission

La Commission d'information de l'usager a deux objectifs : faciliter l'information de la victime et améliorer les rapports de l'hôpital avec l'usager(446). En aidant le malade à comprendre l'accident médical dont il a été victime, la Commission facilite la solution amiable des litiges, en lui permettant d'échapper au "chemin de croix judiciaire". Le second objectif entend reconnaître à l'usager un droit à une information complète, une transparence totale quant au fonctionnement de l'activité hospitalière(447). La Commission doit permettre, selon Monsieur Dutreil, à chaque acteur "de considérer que l'usager de l'hôpital a un droit à l'information sur ce qui se passe dans l'établissement, sur les actes qu'il a subis"(448). Pour ce faire, les Hospices civils de Lyon ont mis en place cette Commission *sui generis* qui

---

445- Créée en 1983 sous le nom de Commission de conciliation.

446- DUTREIL (C.), Directeur général des Hospices civils de Lyon, L'information du malade et la conciliation, *L'indemnisation de l'aléa thérapeutique, utopies et réalités en France et en Europe,* op. cit., p. 43.

447- MEDOUZE (R. M.), Directeur juridique des Hospices civils de Lyon, La Commission d'information de l'usager aux Hospices civils de Lyon, Colloque *La responsabilité médicale : de la faute au risque*, E.N.M., 1996, p. 151.

448- Op. cit.

précisons-le n'est ni une juridiction, ni un organe administratif, puisqu'elle n'est prévue par aucun texte. Ainsi, la victime demeure libre de préférer la voie contentieuse. Organe collégial, cette Commission se compose de représentants de l'administration hospitalière - directeur de l'établissement, directeur du service juridique à titre consultatif, président du comité médical d'établissement - de représentants du corps médical - un médecin spécialiste de médecine légale, les médecins concernés par le litige et un représentant du Conseil départemental de l'Ordre des médecins - ainsi que du malade seul ou accompagné de la personne de son choix. Comparée au conciliateur médical, cette Commission présente l'avantage de représenter l'ensemble des acteurs de la relation médicale - patient/médecin - sous l'arbitrage de juristes. Par conséquent, la peur de la confraternité tend à disparaître. Toutefois, la confiance en une seule personne - le conciliateur médical - peut se créer plus facilement. Il convient dès lors d'esquisser les règles de fonctionnement de cette Commission.

2. Le fonctionnement de la Commission

Au vu des réclamations reçues, le Président de cette instance - c'est à dire le Directeur de l'établissement où le litige a eu lieu - propose la tenue d'une réunion. Au cours de celle-ci, la Commission va chercher à comprendre les faits qui sont à l'origine du litige et à en donner l'explication, afin de maintenir un dialogue constructif avec la victime.

Ainsi, cette instance s'efforce-t-elle d'apporter au malade tous les renseignements d'ordre médical, technique ou juridique. A l'issue de la séance, un procès verbal de réunion est rédigé. Celui-ci sera d'ailleurs pris en considération par l'assureur des Hospices civils de Lyon lorsqu'il fait apparaître des éléments permettant d'engager la responsabilité de l'hôpital. De 1983 à 1990, la Commission a dû connaître d'une vingtaine d'affaires. Dans une quinzaine de cas, l'instance de conciliation a réussi à établir qu'aucune faute n'avait été commise tout en expliquant à la victime ce qui s'était passé. De la sorte, une telle expérience a permis de diminuer le nombre des poursuites à l'encontre des Hospices. Ceux-ci reçoivent annuellement 400 déclarations de sinistres dont 250 réclamations d'indemnités(449). 70 cas concernent des dommages corporels et seule une dizaine d'affaires est portée devant les tribunaux. Ce mécanisme de traitement non contentieux des litiges a d'ailleurs été généralisé par l'ordonnance 96-346 du 24 avril 1996 qui impose à tout établissement de soins, public ou privé, la création d'une telle instance(450).

Si ces expériences ont un objet plus limité que les propositions tendant à instituer un régime d'indemnisation automatique de l'accident médical non fautif, elles n'en restent pas moins indispensables dans l'attente d'une solution législative. L'extension de la responsabilité sans faute du service public hospitalier doit-elle nous amener à confirmer la thèse du Professeur Léon Duguit pour qui : "L'Etat est en quelque sorte assureur de ce qu'on appelle souvent le risque social, c'est-à-dire le risque provenant de l'activité sociale, se traduisant dans l'intervention de l'Etat (...). Si l'Etat est responsable, ce n'est point parce qu'il aurait commis lui-même une faute par l'organe de ses agents ; c'est encore et uniquement parce qu'il assure les administrés contre tout le risque social"(451). Nous ne le pensons pas. En effet, la place grandissante prise par le risque médical dans le contentieux de la responsabilité hospitalière n'a pas évincé le concept de "faute"(452). La démarche du juge administratif débute toujours par la recherche de l'existence ou non d'une faute de l'institution hospitalière. Ce n'est qu'une fois établi qu'aucun acte fautif est à l'origine du dommage subi, que le juge envisagera l'hypothèse de l'application d'un régime de responsabilité sans faute. De plus comme nous l'avons démontré, les obstacles à une reconnaissance totale du risque médical laissent à la responsabilité hospitalière pour faute de beaux jours devant elle. Aus-

---

449- Les 150 autres sont des déclarations à des fins conservatoires. Chiffres donnés par M. DUTREIL, L'information du malade et la conciliation, op. cit., p. 42.

450- Décret n°98-1001, 02/11/1998, relatif à la commission de conciliation prévue à l'art. L. 710-1-2 du Code de la santé publique, *JORF* 1998, p. 16839.

451- DUGUIT (L.), *Traité de droit constitutionnel*, 3e éd., Paris, 1930, T. III, p. 469.

452- Comme l'affirme le commissaire du gouvernement DAEL dans ses conclusions sous l'arrêt Bianchi : "une responsabilité sans faute subsidiaire nous paraît pouvoir être introduite dans la matière de la responsabilité médicale (...) ; le principe restant la responsabilité pour faute", *R.F.D. adm.*, 1993, p. 581.

si, l'Etat n'assure-t-il pas "tout le risque social". Le juge administratif a pris soin d'encadrer strictement la mise en jeu des jurisprudences Bianchi et Gomez. L'intervention législative se fait attendre, confrontée au coût d'un tel dispositif, elle bute essentiellement sur la détermination de l'origine du préjudice indemnisable. Le législateur doit, pour espérer un jour aboutir, définitivement trancher la diversité terminologique et sémantique qui obscurcit le débat en la matière. Enfin, même si l'on peut le regretter, l'Etat ne pourra jamais prendre en charge l'ensemble des risques auxquels le citoyen doit constamment faire face car "en science, en médecine comme dans l'ensemble du monde vivant, le risque nul n'existe pas"(453).

453- DUFOURCQ (E.), Nul ne peut vivre à risque nul, *Le Monde*, 23/07/1996, p. 12.

INDEX

Les chiffres renvoient aux numéros des pages

R

S

T

V

BIBLIOGRAPHIE

1.OUVRAGES

1.1.OUVRAGES GENERAUX

-BENOIT (F.P.), *Le droit administratif français*, Dalloz, Paris, 1968, 898 pages

-BERTHELEMY (H.), *Traité élémentaire de droit administratif*, L.G.D.J., Paris, 1900, 933 pages

-BOUYSSOU (J.), *Théorie générale du risque*, Economica, Paris, 1997, 146 pages

-CHAPUS (R.), *Droit administratif général*, Tome 1, 10e éd., Montchrestien, Paris, 1996, 1251 pages

-COTTERET (J.M.), *Etudes de droit public, Le régime de la responsabilité pour risques en droit administratif*, CUJAS, Paris, 1964, 504 pages

-DE FORGES (J.M.), *Droit administratif*, coll. 1er cycle, P.U.F., Paris, 1991, 405 pages

-DE LAUBADERE (A.), VENEZIA (J.-C.), GAUDEMET (Y.) , *Traité de droit administratif*, tome 1, 13e éd., LGDJ, Paris, 1994, 933 pages

-DUBOIS (J.P.), *La responsabilité administrative*, coll. repères, La découverte, Paris, 1996, 124 pages

-DUEZ (P.), *La responsabilité de la Puissance Publique en dehors du contrat*, Dalloz, Paris, 1927, 210 pages

-DUEZ (P.), DEBEYRE (G.), *Traité de droit administratif*, Dalloz, Paris, 1952, 984 pages

-DUGUIT (L.), *Traité de droit constitutionnel*, 5 volumes, 3e éd., Paris, E. de Boccard, 1927

-GUETTIER (C.), *La responsabilité administrative*, L.G.D.J., Droit administratif, Systèmes, Paris, 1996, 191 pages

-HAURIOU (M.), *Précis de droit administratif et de droit public*, 10e éd., Sirey, Paris, 1921, 942 pages

-LAMBERT FAIVRE (Y.), *Droit du dommage corporel*, 3e éd., Dalloz, Paris, 1996, 915 pages

-LECOCQ (P.A.), *Les grands arrêts contradictoires*, Ellipses, Le droit en question, Paris, 1997, 175 pages
-LONG (M.), WEIL (P.), BRAIBANT (G.), DELVOLVE (P.), GENEVOIS (B.), *Les grands arrêts de la jurisprudence administrative,* 11e éd., Dalloz, Paris, 1996, 847 pages
-MOREAU (J.), *Droit administratif*, PUF, Droit fondamental, Paris, 1989, 569 pages
-ODENT (R.), *Contentieux administratif*, Les Cours de Droit, 1961-1962, 3 fascicules, Paris, 1099 pages
-PAILLET (M.), *La responsabilité administrative*, Cours, Dalloz, Paris, 1996, 296 pages
-ROUGEVIN-BAVILLE (M.), *La responsabilité administrative*, Hachette, coll. "les fondamentaux", Paris, 1992, 159 pages
-WALINE (M.), *Traité élémentaire de droit administratif*, 6e éd., Sirey, Paris, 1950, 641 pages

1.2. OUVRAGES SPECIALISES

-APPLETON (P.), SALAMA (M.), *Droit médical*, Librairie du Monde Médical, Paris, 1931, 768 pages
-AUBY (J.M.), *Le droit de la santé*, Thémis, Paris, 1981, 508 pages
-AUBY (J.M.), *Droit médical et hospitalier*, 2 vol., Litec, Paris, 1988
-AUBY (J.M.), *Le sang humain et le droit*, PUF, Que sais-je ?, n°3211, Paris, 1997, 128 pages
-BOYER-CHAMMARD (G.), MONZEIN (P.), *La responsabilité médicale*, PUF, Paris, 1973, 281 pages
-CLEMENT (C.), CLEMENT (J.M.), *Les principales décisions de la jurisprudence hospitalière*, Berger-Levrault, Paris, 1995, 269 pages
-COHEN (P.), LABADIE (D.), LABADIE (L.), *Les médecins face à leurs juges*, Performa, Droit, Paris, 1987, 206 pages
-DE FORGES (J.M.), SEUVIC (J.F.), *L'hospitalisé*, 2e éd., Berger-Levrault, Paris, 1983, 332 pages
-DEMICHEL (A.), *La responsabilité médicale*, L'hermès, Guides essentiels, 1e éd., Lyon, 1997, 128 pages
-DUPONT (M.), ESPER (C.), MUZZIN (L.), PAIRE (C.), *Droit hospitalier*, Cours, Dalloz, Paris, 1997, 479 pages

-ECK (M.), *Les médecins face aux risques et à la responsabilité*, Fayard, Paris, 1968, 456 pages
-GUY (N.), *La responsabilité médicale : un exposé pour comprendre, un essai pour réfléchir*, Flammarion, coll. Dominos, Paris, 1996, 126 pages
-HAMBURGER (J.), *La puissance et la fragilité : vingt ans après, essai sur les métamorphoses de la médecine et de l'homme*, Flammarion, Paris, 1990, 209 pages
-HERMITTE (M.A.), *Le Sang et le Droit : essai sur la transfusion sanguine*, Le Seuil, Paris, 1996, 477 pages
-JEAN (P.), *La charte du patient hospitalisé*, Berger Levrault, Paris, 1996, 237 pages
-KORNPROBST (L.), *La responsabilité médicale, origine, fondement, limites*, Librairie J.-B. Baillière et fils, Paris, 1947, 366 pages
-KORNPROBST (L.), *Responsabilités du médecin devant la loi et la jurisprudence françaises*, Flammarion, Paris, 1957, 1066 pages
-KOUCHNER (B.), *La dictature médicale, la médecine n'appartient pas qu'aux médecins*, Robert Laffont, Paris, 1996, 200 pages
-LAMBRICHS (L.), *La vérité médicale*, coll. Pluriel, Laffont, Paris, 1994, 469 pages
-LECLERCQ (F.), *Comprendre la responsabilité à l'hôpital,* coll. La gestion de l'hôpital, éd. ASPEPS, Lille, 1994, 125 pages
-LEMAIRE (J.-F.), IMBERT (J.-L.), *La responsabilité médicale*, Que sais-je?, PUF, Paris, 1985, 127 pages
-LUCAS BALOUP (I.), *Infections nosocomiales*, éd. SCROF, Paris, 1997, 440 pages
-MALICIER (D.), *La responsabilité médicale : données actuelles,* éd. A. Laccassagne, Lyon, 1992, 492 pages
-MEMETEAU (G.), *Traité de la responsabilité médicale*, Les Etudes hospitalières, Bordeaux, 1996, 316 pages
-MONTADOR (J.), *La responsabilité des services publics hospitaliers*, Berger Levrault, Nancy, 1979, 187 pages
-PENNEAU (J.), *La responsabilité médicale,* Sirey, Toulouse, 1977, 331 pages
-PENNEAU (J.), *La responsabilité du médecin,* Connaissance du droit, 2e éd., Dalloz, Paris, 1996, 146 pages

-SALLET (F.), *La perte de chance dans la jurisprudence administrative relative à la responsabilité de la puissance publique*, DEA droit public interne, 1992, Paris II, LGDJ, Paris, 1994, 100 pages
-SAURY (R.), *Manuel de droit médical*, éd. Masson, Paris, 1989, 539 pages
-SAVATIER (R.), *Traité de droit médical*, LGDJ, Paris, 1956, 574 pages
-TABUTEAU (D.), *Risque thérapeutique et responsabilité hospitalière,* Santé : méthodes et pratiques, Berger-Levrault, Paris, 1995, 210 pages
-THOUVENIN (D.), *La responsabilité médicale, analyse des données statistiques disponibles et des arrêts rendus par la Cour de cassation et le Conseil d'Etat de 1984 à 1992*, Rapport ANDEM, 1994, 170 pages
-TRUCHET (D.), *L'indemnisation de l'aléa thérapeutique*, coll. Droit sanitaire et social, éd. Sirey, Paris, 1994, 91 pages
-VILLEY (R.), *Réflexions sur la médecine d'hier et de demain*, Plon, Paris, 1966, 237 pages

2.THESES

-ARTHUR DE LA VILLARMOIS (P.), *La responsabilité sans faute à l'hôpital*, Dijon, 1982, 387 pages
-BERNARD DE LAJARTRE (A.), *Le service public de la transfusion sanguine*, Angers, 1996, 814 pages
-CHAPUS (R.), *Responsabilité publique et responsabilité privée, les influences réciproques des jurisprudences administrative et judiciaire*, Paris, 1952, L.G.D.J., 1953, 583 pages
-DAVIGNON (J.F.), *La responsabilité objective de la puissance publique*, Lyon II, 1976, 416 pages
-D'AVON DE COLLONGUE (F.), *La vaccination obligatoire en droit administratif français*, Lyon, 1965, 284 pages
-DEGUERGUE (M.), *Jurisprudence et doctrine dans l'élaboration du droit de la responsabilité administrative*, Paris I, 1991, LGDJ, 1994, 884 pages
-DUGUET (A.M.), *La faute médicale dans la responsabilité hospitalière*, Paris XI, 1993, 596 pages

-GAUDEMET (Y.), *Les méthodes du juge administratif*, LGDJ, 1972, 321 pages
-LEMOYNE DE FORGES (J. M.), *Le statut de l'"hospitalisé en France*, Paris II, 1972, 528 pages, Berger Levrault, 1975, 332 pages
-LLORENS-FRAYSSE (F.), *La présomption de faute dans le contentieux administratif de la responsabilité*, LGDJ, Paris, 1985, 380 pages
-PENNEAU (J.), *Faute et erreur en matière de responsabilité médicale*, Paris I, 1972, 539 pages, LGDJ 1973, 409 pages
-PETIT BOUTEYRE (G.), *La responsabilité du service public hospitalier du fait des actes médicaux et chirurgicaux*, Montpellier I, 1990, 373 pages
-SANDEVOIR (P.), *Etudes sur le recours de pleine juridiction*, Lille, 1962, LGDJ, 1964, 459 pages
-SCHAEGIS (C.), *Progrès scientifique et Responsabilité*, Paris XII, 1995, 365 pages
-SCHNERB (J. M.), *Une "jurisprudence d'équité" du Conseil d'Etat, le risque administratif*, Strasbourg, 1946, 207 pages
-SOUSSE (M.), *La notion de réparation de dommages en droit administratif français*, LGDJ, Paris, 1994, 541 pages
-TIFINE (P.), *L'objectivation de la responsabilité des hôpitaux publics en droit administratif français*, Metz, 1997, 480 pages

3. COLLOQUES

-A.S.P.E.P.S., *S'inquiéter ... ou être responsable ?*, Institut Gernez Rieux, 09/11/1995, Lille, 60 pages
-BONNET (A.) (dir.), *Responsabilité et indemnisation*, 16 avril 1992, Paris, Risques (Supplément), 1992, 58 pages
-CENTRE D'ETUDES ET DE RECHERCHES SANITAIRES ET MEDICO-SOCIALES (C.E.R.S.A.M.S.), *Les aspects actuels ou méconnus de la responsabilité médicale*, Litec, Paris, 1992, 111 pages
-CENTRE D'ETUDE ET DE RECHERCHE EN DROIT EUROPEEN DE LA SANTE (CERDES), *La situation juridique des patients*, 24 et 25 janvier 1997, Bordeaux, Petites affiches, 21/05/1997, n°61, 39 pages
-COUR DE CASSATION, *L'indemnisation des accidents médicaux*, LGDJ, Paris, 24/04/1997, 137 pages

-ECOLE NATIONALE DE LA MAGISTRATURE, *La responsabilité médicale : de la faute au risque*, Paris, 1996, 250 pages

-FACULTE DE DROIT ET DE LA SANTE D'AIX MARSEILLE, *La responsabilité civile du médecin*, 1993, Presses universitaires d'Aix Marseille, 148 pages

-FEDERATION HOSPITALIERE DE FRANCE, *Procès au progrès médical, le droit face aux interrogations actuelles de la médecine*, 19/10/1989, Hôtel-Dieu de Lyon, R.H.F. 1990, n°3, p. 238

-INSTITUTE FOR INTERNATIONAL RESEARCH, *Responsabilité médicale et assurances*, Paris, 6 et 7 octobre 1998 (actes à paraître)

-NEIRINCK (C.) (dir.), *L'acte médical et les droits du malade*, Toulouse, Toulouse, 1996, 180 pages

-ORDRE NATIONAL DES MEDECINS, *Deuxième Congrès international de Morale médicale*, 2 Tomes, Paris, 1966, 433 pages

-ORDRE DES MEDECINS, ORDRE DES AVOCATS, *Risque thérapeutique et responsabilité médicale*, 4/12/1992, Les Actes, 1993, 76 pages

-ORDRE NATIONAL DES MEDECINS, *L'exercice médical dans la société : hier, aujourd'hui, demain*, Masson, Paris, 1995, 318 pages

-S.H.A.M., *L'indemnisation de l'aléa thérapeutique, utopies et réalités en France et en Europe*, Lyon, 30/03/1990, 68 pages

4. ARTICLES

-ABEL (O.), La responsabilité incertaine, *Esprit*, nov. 1994, p. 24

-AGOSTINI (E.), L'équité, *D.* 1978, p. 7

-AUBY (J.M.), La responsabilité médicale en France (aspects de droit public), *RID comp.*, 1976, p. 511

-AUBY (J.M.), La responsabilité de l'hôpital en cas d'infection nosocomiale, *Petites affiches*, 19/02/1992, n°22, p. 14

-AUBY (J.M.), L'information du malade, quelques aspects juridiques, *Sociologie Santé*, 1995, n°12, pp. 92-106

-AUBY (J.M.), Le juge administratif et la transfusion sanguine, *Médecine et Droit* 1996, n°18, p. 5

-AUBY (J.-B.), Un nouveau développement de la responsabilité hospitalière, *Dr. adm.* 1998, Repères, p. 1

-AMSELEK (P.), La responsabilité sans faute des personnes publiques d'après la jurisprudence administrative, *Mélanges Eisenmann*, 1975, p. 233

-BENOIT (F.P.), Essai sur les conditions de la responsabilité en droit public et privé. Problèmes de causalité et d'imputabilité, *JCP*, 1957, I, 1351

-BLAEVOET (C.), De l'inadaptation de la faute et du risque comme fondements de la responsabilité administrative, *JCP* 1958, I, 1406

-BLOCH-MAUREL (M.), L'indemnisation des accidents médicaux, *Petites affiches*, 4/7/1997, n°80, p. 7

-BONNEAU (J.), Le risque thérapeutique, *Gaz. Pal.* 1993, II, p. 1074

-BORE (J.), L'indemnisation pour les chances perdues : une forme d'appréciation quantitative de la causalité d'un fait dommageable, *JCP* 1974, I, 2620

-BOUVIER (F.), La responsabilité médicale, *Gaz. Pal.* 1984, I, doct., p. 284

-CADENE (P.), Réforme hospitalière : six axes majeurs, *RHF*, n°5, 1995, p. 477

-CARTOU (E.), La transposition en droit français de la directive sur la responsabilité du fait des produits, *Petites affiches*, 11/04/1997, n°44, p. 4

-CHABANOL (D.), Carte blanche du nouveau dans la responsabilité administrative, *Gaz. Pal.*, 02/09/1993, p. 1079

-CHARAF ELDINE (A.), La théorie de la perte d'une chance sanitaire, *R.T.D. sanit. et soc.*, 1983, p. 48

-CHAUMET-RIFFAUD (D.) et BAILLY (A. L.), Risques liés à l'innovation médicale et à la recherche biomédicale, *Gestions hospitalières*, n°339, octobre 1994, pp. 620-624

-CONGE (E.), HOUDART (L.), L'indemnisation du risque thérapeutique ou l'audace du juge administratif, *Gestions hospitalières*, n°339, octobre 1994, pp. 625-627

-DAMIEN (A.), Le progrès médical et l'évolution de la responsabilité médicale, *R.H.F.*, n°3, 1990, p. 245

-DAMIEN (A.), L'indemnisation de l'aléa thérapeutique, *R.H.F.*, 1991, n°2, p. 126

-DE FORGES (J.M.), De la politique d'humanisation à la charte du malade hospitalisé, *RTD sanit. et soc.* 1975, p. 283

-DE FORGES (J.M.), Sida : responsabilité et indemnisation des préjudices résultant de contamination par transfusion sanguine, *R.D. sanit. soc.* 1992, p. 555
-DEGUERGUE (M.), Le contentieux de la responsabilité, politique jurisprudentielle et jurisprudence politique, *A.J.D.A.*, 1995, p. 211
-DEPRIMOZ (J.), De l'indemnisation des accidents thérapeutiques en Suède, *JCP*, I, 1981, 3038
-DEPRIMOZ (J.), Deux approches pour l'indemnisation des dommages résultant de soins et traitements thérapeutiques. La française et la suédoise, *JCP*, I, 1984, 3138
-DOLL (P. J.), Les vaccinations obligatoires et la réparation des dommages qui leur sont imputables, *Gaz. Pal.* 1975, n°260-261
-DOLL (P. J.), Les responsabilités en matière de vaccinations obligatoires, *J.C.P.* 1975, I, 2736
-DORSNER-DOLIVET (A.), SCEMAMA (A.), La responsabilité des cliniques privées et des hôpitaux : faute ou risque ?, *R.T.D. san. et soc.* 1980, p. 167
-DORSNER-DOLIVET (A.), L'indemnisation des accidents chirurgicaux, *Médecine et Droit*, mai-juin 1997, p. 15
-DREIFUSS (M.), L'indemnisation des victimes du SIDA à l'épreuve du dualisme juridictionnel, *RFD adm.*, 12 (3), 1996, p. 561
-DUBOUIS (L.), Le juge administratif, le malade et le médecin, in *Mélanges offerts à Marcel WALINE*, 1974, p. 389
-DUBOUIS (L.), La protection des personnes qui se prêtent à des recherches biomédicales, *R.D. sanit. soc.* 1989, p. 155
-DUGUET (A.M.), La présomption de faute dans la responsabilité hospitalière, *Journal de Médecine Légale et de Droit médical*, 1994, tome 37, p. 449
-DUPRAT (J.P.), Vers la disparition de la présomption de faute en matière de responsabilité hospitalière, *D.* 1975, p. 86
-DU VERDIER (F.), Le G.E.M.A. et l'aléa médical, *Risques*, n°6, juin 1991, p. 43
-ENGEL (L.), Vers une nouvelle approche de la responsabilité, le droit français face à la dérive américaine, *Esprit*, juin 1993, p. 3
-EWALD (F.), MARGEAT (H.), Le risque thérapeutique, *Risques*, n°6, juin 1991, p. 7

-FABRE-ALIBERT (V.), L'évolution récente de la responsabilité hospitalière dans la jurisprudence administrative, *Administration*, octobre/décembre 1994, n°165, L'hôpital, p. 178
-FEUERBACH STEINLE (M. F.), La contamination post transfusionnelle du Sida, *Les Petites affiches*, n°86, 19/07/1995, p. 26
-FRAISSEX (P.), L'évolution de la jurisprudence administrative en matière de responsabilité médicale, *Les Petites affiches*, 16/07/1993, p. 14
-FRAISSEX (P.), Les vicissitudes de la jurisprudence administrative en matière de responsabilité médicale, *Rev. adm.* 1993, p. 561
-GAUDEMET (Y.), La responsabilité des services publics hospitaliers, *EDCE* 1980-1981, n°32, p. 53
-GERMOND (M.), A propos des commissions de conciliation, Bull. d'information de la SHAM, n°18, juin 1997, *RHF*, 1997, n°4
-GHEVONTIAN (R.), Contribution à l'étude de la faute en tant que fondement de la responsabilité des établissements publics hospitaliers, *Rev. de droit prospectif*, 1979, n°7, p. 51
-GROMB (S.), Responsabilité médicale : va-t-on indemniser l'accident médical ?, *Médecine et Droit*, 1996, n°16, p. 12
-GROUTEL (H.), Le risque médical évolution de la jurisprudence récente en droit commun et en droit administratif, *Médecine et Droit*, n°4, janvier/février 1994, p. 12
-HARDY (J.), De l'utilité sociale du droit à propos de l'affaire du sang contaminé, *Rev. adm.*, 1995, n°285, p. 235
-HARICHAUX (M.), La responsabilité sans faute, in *Droit médical et hospitalier*, 2 volumes, LITEC, Paris, 1995, 19.2
-HELMLINGER (M.), Nouvelles techniques médicales, nouvelles responsabilités ?, *RHF*, 1996, n°6, p. 614
-HERMON (C.), Entre victime, responsable et fautif, l'exigence d'une nouvelle équation, *Rev. adm.* 1996, n°293, p. 496
-HOERNI (B.), Le doute du médecin, in Le doute et le droit, Les Actes, coll. Philosophie et théorie générale du droit, *Dalloz*, 1994, p. 13
-KIMMEL ALCOVER (A.), A propos des accidents médicaux : vers l'indemnisation de l'aléa thérapeutique, *Les Petites affiches*, 1996, n°155, p. 17
-LABBEE (X.), L'expérimentation médicale, *Médecine et Droit*, n°11, 1995, pp. 10-15

-LAMBERT FAIVRE (Y.), L'indemnisation des victimes post-transfusionnelles du Sida : hier, aujourd'hui et demain, *RHF*, n°4, juillet-août 1993, p. 357
-LAMBERT FAIVRE (Y.), La responsabilité médicale confrontée à l'évolution du droit et de la science, *Journal de Médecine Légale et de Droit médical*, 1996, vol. 39, p. 83
-LECOCQ (P.-A.), La prise en compte de la douleur par le Conseil d'Etat en cas de contamination à la suite d'une transfusion sanguine, in *La douleur et le droit,* PUF, 1997, p. 451
-LECOCQ (P.-A.), L'annonce faite au législateur par le prêteur de la nécessité de règles protectrices nouvelles, Regards sur un siècle de jurisprudence du Conseil d'Etat (1895-1995), in *La formation du Droit et ses auteurs*, Auctoritates, Academie, Brussel, 1997, p. 209
-LEVASSEUR (A.), Les transactions : l'exemple de l'Assistance publique-hôpitaux de Paris, *AJDA* 1997, p. 54
-LLORENS-FRAYSSE (F.), Le poids de la faute dans la responsabilité administrative, *Droits* 1987, n°5, p. 65
-MARGEAT (H.), Faut-il assurer le risque thérapeutique ?, *rev. française du dommage corporel*, 1978, 4, n°2, p. 155
-MARGEAT (H.), Le risque thérapeutique, *Gaz. Pal.* 1978, Doctr., p. 432
-MARGEAT (H.), Une évaluation du coût de l'assurance du risque thérapeutique, *Risques*, n°6, juin 1991, p. 40
-MAZERES (J.A.), Le service public hospitalier à la croisée des interventions publiques et privées, *RTD sanit. et soc.*, 1979, p. 25
-MELENNEC (L.), La responsabilité médicale doit être fondée sur la notion de risque, *R.T.D. sanit. soc.*, 1972, p. 271
-MEMETEAU (G.), La réforme de la responsabilité médicale et la remontée aux sources du droit civil, *Gaz. Pal.*, doctr., 1994, 2, p. 1151
-MEMETEAU (G.), Les évolutions redoutées de la responsabilité médicale : loi ou jurisprudence ?, *Gaz. Pal.*, 24 et 25/10/1997, p. 8
-MEMETEAU (G.), Perte de chances et responsabilité médicale, *Gaz. Pal.*, 24 et 25/10/1997, p. 22
-MODERNE (F.), Le régime juridique des vaccinations obligatoires, *A.J.D.A.* 1965, p. 195
-MODERNE (F.), La responsabilité généralisée de l'Etat à raison des accidents causés par les vaccinations obligatoires, *D.* 1975, p. 161

-MODERNE (F.), La place de la présomption de faute dans le droit de la responsabilité hospitalière, *R.D. sanit. soc.*, 1975, p. 213
-MODERNE (F.), Un nouveau progrès législatif dans la réparation des conséquences dommageables des vaccinations obligatoires, *R.T.D. sanit. soc.*, 1986, p. 583
-MONZEIN (P.), Le risque thérapeutique, *Gaz. Pal.*, 5/11/1993, p. 3
-PAULIAT (H.), Le risque thérapeutique et la responsabilité médicale et hospitalière sans faute, *Petites affiches*, n°70, 13 juin 1994, p. 15
-SANDEVOIR (P.), Unité et diversité du contentieux administratif et du contentieux judiciaire dans le droit de la responsabilité hospitalière, *Mélanges offert à Roland DRAGO*, 1996, p. 459
-SAVATIER (R.), Responsabilité de l'Etat dans les accidents de vaccinations obligatoires reconnus imparables, *Mélanges WALINE*, 1974, T. 2, p. 751
-SEKKAT (A.), La responsabilité du service public du fait des activités médicales, *Les Petites affiches*, 16/07/1990, p. 4
-S.H.A.M., La gestion des risques, clé de l'assurabilité des établissements de santé, *R.H.F.*, n°2, 1996, p. 174
-SOULIER (G.), Réflexion sur l'évolution et l'avenir du droit de la responsabilité de la puissance publique, *RD publ.*, 1969, p. 1039
-SOUSSE (M.), Quelle réforme en matière de responsabilité médicale?, *Les Petites affiches*, n°122, 12/10/1994, p. 24
-SUEUR (V.), Le juge administratif devant le risque médical. Du risque spécial au risque social, *RF aff. soc.* 1996, p. 41
-SUGARMAN (S.D.), Les projets de réforme de la responsabilité médicale aux Etats-Unis, *Risques*, 1993, n°16, p. 117
-TABUTEAU (D.), L'indemnisation du risque thérapeutique, *Droit social*, 1992, p. 306
-TABUTEAU (D.), Les pouvoirs publics et le risque sanitaire, *RF aff. soc. juin* 1996, p. 29
-THIRIEZ (F.), L'indemnisation du risque thérapeutique, *Les Petites affiches*, 19 mai 1993, n°60, pp. 15-16
-TREMEUR (M.), La responsabilité des services publics hospitaliers, évolution/perspectives, *Les Petites affiches*, 1995, n°83, pp. 17-22
-TRUCHET (D.), La décision médicale et le droit, *A.J.D.A.* 1995, n°9, pp. 611-619

-TRUCHET (D.), "Tout dommage oblige la personne publique à laquelle il est imputable, à le réparer", A propos et autour de la responsabilité hospitalière, *R.D. sanit. soc.*, 1993, n°1, pp. 1-13
-TRUCHET (D.), Le droit de la santé en France, *Risques*, 1996, p. 131
-VACARIE (I.), La perte d'une chance de survie ou de guérison, *RRJ* 1987, 3, p. 903
-VELTCHEFF (C.), Le risque : un écueil étymologique, une aventure sémantique, *RF aff. soc.* 1996, p. 69
-VINEY (G.), Pour une loi organisant l'indemnisation des victimes d'accidents médicaux, *Médecine et Droit*, n°24, mai-juin 1997, p. 1

5.CONCLUSIONS ET NOTES

5.1.CONCLUSIONS

-DAËL (S.), sur C.E. Ass. 09/04/1993 *Bianchi* , R.F.D. adm. 1993, n°3, p. 573
-DAËL (S.), sur C.E. Ass. 26/05/1995 *N'Guyen, Pavan, Jouan*, R.F.D. adm., 1995, p. 748
-FOURNIER (J.), sur C.E. 26/06/1959 *Rouzet*, AJDA, 1959, II, 275
-JOUVIN (B.), sur C.E. Ass. 07/03/1958 *Secrétaire d'Etat à la santé publique contre Dejous*, R.D. publ., 1958, p. 1087
-LAUGIER (M.), sur T.A. Lille 22/09/1994 *Epoux Prévost et autres*, Rec. 705, non publiées
-LEGAL (H.), sur C.E. Ass. 10/04/1992 *M. et Mme V.*, A.J.D.A., 1992, p. 355
-LEGAL (H.), sur C.E. Ass. 09/04/1993 *M. G., M. D., M. B.*, RFD adm., 1993, p. 583
-MERIC (J.), sur C.E. 13/07/1962 *Lastrajoli*, R.D. publ., 1962, p. 975
-PECRESSE (V.), sur C.E. Sect. 03/11/1997 *Hôpital Joseph Imbert d'Arles*, RFD adm. 1998, p. 90.

5.2.CHRONIQUES ET NOTES

-ALBERT (N.), note sous T.A. de Toulouse 16/11/1995 *Cts D. et CPAM de Tarn-et-Garonne c/ Centre hospitalier de Montauban*, Petites affiches, 10/06/1996, n°70, pp. 11-16

-ALLOITEAU (S.), note sous C.E. Sect. 3/11/1997 *Hôpital Joseph Imbert d'Arles*, Petites affiches 1998, n°12, p. 20

-AUBY (J.B.), *Un nouveau développement de la responsabilité hospitalière*, Droit administratif, Repères, 01/1998, p. 1

-BORRICAND (J.), *Commentaire de la loi du 20 décembre 1988*, D., 1989, chr. XXVI, p. 167

-CHABANOL (D.), note sous C.A.A. de Lyon 21/12/1990 *Gomez*, Gaz. Pal., 21-22-23/07/1991, p. 440

-CHRESTIA (P.), note sous C.E. Sect. 3/11/1997 *Hôpital Joseph Imbert d'Arles*, D. 1998, J, 146

-ESPER (C.), note sous C.E. Sect. 3/11/1997 *Hôpital Joseph Imbert d'Arles*, Droit administratif 1998, p. 28

-FLORES-LONJOU (M.), note sous T.A. Orléans 16/11/1995 *M. et Mme Djouani*, RJCO, 1996, n°18, p. 187

-FLORES-LONJOU (M.), note sous T.A. Poitiers 26/03/1997 *Mme Fatma Benrekta et autres c/ CH d'Angoulême*, RJCO, 1997, n°20, p. 150

-HERMON (C.), note sous C.E. Sect. 3/11/1997 *Hôpital Joseph Imbert d'Arles*, Gaz. Pal. 10/03/1998, J, 32

-LAJARTRE (A. de), note sous C.E. Ass. 26/05/1995 *M. Jouan, Cts N'Guyen, Cts Pavan*, RD publ. 1995, p. 1609

-LAMBERT FAIVRE (Y.), *Principes d'indemnisation des victimes post-transfusionnelles du SIDA*, D., 1993, chr. XV, p. 67

-LAMBERT FAIVRE (Y.), *L'hépatite C post-transfusionnelle et la responsabilité civile*, D., 1993, chr., p. 221

-LECOCQ (P.-A.), *Une nouvelle avancée du risque comme fondement de la responsabilité de l'hôpital public*, note sous C.E., Sect., 3/11/1997, *Hôpital Joseph Imbert d'Arles*, Petites affiches 9/1/1998, n°4, p. 16

-MALLOL (F.), note sous C.E. Ass. 26/05/1995 *N'Guyen, Pavan et Jouan* (3 espèces), Petites affiches, 17/05/1996, n°60, p. 12

-MANGUE (C.) et TOUVET (L.), chr. sous C.E. Ass. 09/04/1993 *Bianchi*, AJDA 1993, p. 349
-MEDOUZE (R.-M.), note sous C.A.A. de Lyon *Gomez* 21/12/1990, RD sanit. et soc. 1990, p. 258
-MODERNE (F.), *La responsabilité généralisée de l'Etat à raison des accidents causés par les vaccinations obligatoires*, D., 1975, chr., p. 161
-MOREAU (J.), note sous C.E. Ass. 09/04/1993 *Bianchi*, JCP 1993.II.2061
-MOREAU (J.), note sous C.E. Sect. 3/11/1997 *Hôpital Joseph Imbert d'Arles*, JCP 1998.II.10016
-PAILLET (M.), note sous C.E. Ass. 09/04/1993 *Bianchi*, RD Publ., 1993, n°4, p. 1099
-PRIEUR (S.), note sous TGI Paris 30/06/1997 *Lucas c/ Houdayer et SA Lloyd Continental*, Petites affiches 1998, n°75, p. 26.

6.DOCUMENTS OFFICIELS

6.1.RAPPORTS

-Rapport MAC ALEESE, *La responsabilité médicale*, Ministère de la Justice, Paris, 1980, 25 pages
-Rapport du Médiateur de la République au Président de la République et au Parlement, 1988, p. 74 ; 1990, p. 51 ; 1991, p. 141.
-Rapport du Ministère de la Justice, *La responsabilité médicale et l'indemnisation du risque thérapeutique*, 1991, 88 pages
-Rapport du Sénat, *La responsabilité médicale et l'indemnisation du risque thérapeutique*, Service des affaires européennes, cellule de droit comparé, n°25, mai 1991, 46 pages
-Rapport EWALD (F.), *Le problème français des accidents thérapeutiques, Enjeux et solutions,* La documentation française, Paris, 1992, 112 pages
-Rapport SALAT-BAROUX (F.), *Les accidents médicaux : réparer sans déresponsabiliser*, non publié, 1993, 63 pages
-Rapport EVIN (C.) présenté au nom du Conseil Economique et Social, *Les droits de la personne malade,* 1996, n°16, 170 pages

6.2.PROPOSITIONS DE LOI

-Proposition de loi tendant à créer *un fonds de garantie destiné à indemniser les victimes d'accidents corporels occasionnés par une activité médicale,* AN, n°3193, première session ordinaire 1977-1978
-Proposition de loi tendant à créer *un fonds d'indemnisation des dommages occasionnés par les soins dispensés par les membres des professions de santé,* AN, n°499, deuxième session ordinaire 1977-1978
-Proposition de loi portant *création de commissions d'indemnisation compétentes en matière de responsabilité médicale,* AN, n°1360, session extraordinaire, 1982-1983
-Proposition de loi relative à *la responsabilité médicale et à l'assistance aux victimes d'un accident thérapeutique*, AN, n°1866, première session ordinaire 1990-1991
-Proposition de loi tendant à créer *un fonds de garantie pour indemniser les victimes d'accidents d'origine médicale*, S, n°89, première session ordinaire, 1991-1992
-Proposition de loi relative à *l'aide aux victimes d'accidents thérapeutiques,* S, n°237, deuxième session extraordinaire, 1991-1992
-Proposition de loi relative à *l'indemnisation des victimes d'accidents thérapeutiques*, AN, n°2717, deuxième session ordinaire, 1991-1992
-Proposition de loi relative à *la responsabilité médicale et à l'assistance aux victimes d'un accident thérapeutique*, AN, n°572, première session ordinaire, 1993-1994
-Proposition de loi tendant à créer *un fonds d'indemnisation des victimes du risque médical*, AN, n°1027, deuxième session ordinaire, 1993-1994
-Proposition de loi relative à *l'indemnisation de l'aléa thérapeutique,* AN, n°1181, deuxième session ordinaire, 1993-1994
-Proposition de loi relative à un *Fonds d'indemnisation de l'aléa médical*, AN, n°2982, 1996-1997
-Proposition de loi relative à *l'indemnisation des victimes d'accidents thérapeutiques*, AN, n°158, 1997-1998
-Proposition de loi relative à *l'indemnisation des accidents sanitaires*, AN, n°616, 1997-1998
-Proposition de loi tendant à créer *un fonds d'indemnisation des victimes du risque médical*, AN, n°671, 1997-1998

TABLE DES MATIERES